민속의 착함

민속의 착함, 삶의 온기를 담다

초판 1쇄 | 2021년 06월 30일
초판 2쇄 | 2024년 06월 30일

지은이 | 임승범
발행인 | 한명수
편집자 | 이향란 김유리
디자인 | 김수진 이선정
발행처 | 흐름출판사(www.heureum.com)
신고번호 | 제2002-000008호
주　소 | 전주시 덕진구 정언신로 59 2F
전　화 | 063-287-1231
전　송 | 063-287-1232

ⓒ 2024, 임승범

ISBN 979-11-5522-282-9 (03380)

값 15,000원

저작권법에 의해 한국 내에서 보호를 받는 저작물이므로 무단 전재 및 복제를 금합니다.

민속의 착함

삶의 온기를 담다

임승범 지음

흐름

책머리에

이 책은 전주 국악방송의 간판 라디오 프로그램인 〈온고을 상사디야〉의 '임승범의 문화읽기' 코너(2018.7.7.~현재)에서 방송한 우리 역사와 민속 이야기 중 특별히 다시 전하고 싶은 이야기를 골라 수록한 것입니다.

'임승범의 문화읽기'는 소리꾼 방수미·강길원 씨와 함께 우리 역사와 민속에 대해 깊이 있는 대화를 나누는 프로그램입니다.

저는 단 한 사람만이라도 즐겁게 들어주면 좋겠다는 소박한 바람으로 방송을 시작했습니다. 그리고 그동안 제가 배웠던 역사와 민속에 담긴 선한 마음과 지식을 사회에 전하고 싶었습니다. 그러자 마치 애청자와 주파수라는 선으로 연결되는 기분이 들었습니다. 초등학교 시절 종이컵에 실을 연결한 전화기마냥 이 선을 타고 따라가다 제 이야기에 귀 기울여주는 사람을 만나는 듯했습니다.

이 코너를 잘 만들어 멋있게 열어주신 국악방송 장수홍 차장님을 비롯, 저와 함께한 고미란·이세종·장지윤 피디, 심재선 감독님에게 고마움을 전합니다. 또한, 처음 방송을 시작할 때 함께해준 소리꾼 백현호 님께도 안부와 감사를 전합니다. 저의 주치의를 자처해주시는 심진찬 원장님께도 존경과 감사의 마음을 전합니다.

특히, 〈온고을 상사디야〉의 MC인 소리꾼 방수미 씨와 강길원 씨에게 고마움을 전합니다. 스튜디오에서 직접 두 분의 소리 한 대목을 듣고 있노라면, 명창 옆에 앉아 있는 것이 이렇게 신기하고 행복한 것인 줄 예전에는 미처 몰랐습니다.

이 책을 출판하기까지 여러 조언과 실질적인 도움을 준 나의 동료 정용현·김은지 선생에게도 특별한 고마움을 전합니다. 이 책을 흔쾌히 발간해주신 흐름출판사에도 감사의 말씀을 드립니다.

무엇보다 이 글이 누군가에게 다가가 옆에서 힘이 되어주고, 미소 짓게 하고, 사랑받는 느낌으로 읽혀지기를 기대합니다.

2021년 6월
전주 남천교가 보이는 곳에서
임승범 삼가

차례

책머리에 / 4

1부_ 민속

생명 탄생의 조짐을 알리는 하늘의 계시 '태몽'	10
산 자와 죽은 자의 화해, 삼신받이굿	15
난산에 대처하는 우리의 자세 (1)	22
난산에 대처하는 우리의 자세 (2)	28
시엉어머니 삼아주기와 업둥이의 의미	31
봄에 하얀 나비를 보면	36
'신구간'에 이사 갑니다	43
도둑잡이 뱅이를 아십니까	48
도깨비, 찬란하고 쓸쓸하신 그분	54
민속으로 읽는 단군신화	59
강원도의 신이 된 단종 임금	66
『금오신화』에 담긴 이야기	72

2부_ 역사

세종대왕의 생신잔치	80
『월인천강지곡』의 비밀: 달빛이 온 세상의 강을 비추다	87
낙선재의 주인공 경빈 김씨, 전례가 없던 왕의 사랑	93
이순신 장군이 쓴 마지막 일기	100
『조선왕조실록』에 기록된 전염병 극복 방법 (1)	107
『조선왕조실록』에 기록된 전염병 극복 방법 (2)	113
역사의 기록으로 남겨진 전주 여행 (1)	119
역사의 기록으로 남겨진 전주 여행 (2)	126
6월, 부채에 담긴 의미	132
월하정인月下情人, 그림 속에 남겨진 시와 사랑	138
남해 가천 다랭이마을에 가면	145
식민지 조선의 자화상, 아리랑	150

일러두기

- 이 책은 전주 국악방송 라디오 〈온고을 상사디야〉에서 2018년 7월 7일부터 2021년 5월 1일까지 '임승범의 문화읽기' 코너에서 방송한 내용을 독자가 읽기 쉽도록 다시 정리한 것입니다.
- 이 책에서 참고한 원전은 『조선왕조실록』, 『금오신화』, 『난중일기』, 『심춘순례』입니다.
- 이 책의 일부 내용은 국립민속박물관의 『한국민속대백과사전』과 한국학중앙연구원의 『한국민족문화대백과사전』을 비롯한 각종 문헌을 참고한 것입니다.
- 이 책의 제1부 일러스트는 늘솜민화공방의 허현정 님이, 제2부 일러스트는 노오경(@art-okyung) 님이 그렸습니다.

1부

민속

생명 탄생의 조짐을 알리는 하늘의 계시 '태몽'

태몽은 아이를 잉태할 조짐, 성별, 운명 등을 보여준다고 믿는 꿈을 말합니다. 임신 전에 많은 산모가 태몽을 꾼다고 합니다. 당사자가 아니어도 부모님이나 형제, 심지어 이웃 사람이 대신 꾸기도 합니다. 임신을 하면 태아의 성별이 무척 궁금한데 태몽으로도 이를 예감한다고 합니다. 태몽은 한 인간이 비로소 세상에 태어날 것을 미리 전하는 예언과 같은 역할을 하는 것이지요. 이러한 태몽이 우리 역사 속에서도 잘 나타나 있습니다.

『삼국사기』에는 김유신金庾信(595~673) 장군의 태몽 이야기가 나옵니다. 김유신의 아버지인 김서현의 꿈에 두 개의 별(화성과 토성)이 자신에게 내려왔습니다. 그의 아내인 만명 부인 역시 꿈속에서 금빛 갑옷을 입은 동자가 구름을 타고 집 안에 들어오는 것을 본 후 임신을 하여 김유신을 낳았다고 합니다.

『삼국유사』「가락국기駕洛國記」에는 수로왕이 곰을 얻는 꿈을 꾼

뒤 태자 거등공을 낳은 이야기가 있습니다. 원효대사의 어머니도 별똥별이 품으로 들어오는 꿈을 꾸고 그를 낳았다고 합니다.

조선시대 대학자인 율곡 이이李珥(1536~1584)를 낳은 신사임당도 강릉 오죽헌에서 흑룡이 나오는 꿈을 꾸고 율곡을 낳았다고 해서, 그 방을 몽룡실夢龍室이라고 부릅니다. 춘향전에 나오는 이몽룡의 이름도 용꿈이라는 뜻입니다.

이처럼 이름에 꿈 몽夢 자가 들어가면 태몽과 은근히 관련이 있습니다. 가장 대표적 인물이 바로 고려 말의 충신 정몽주鄭夢周(1337~1392)입니다. 정몽주의 어머니 이씨가 임신 중에 신선처럼 생긴 노인이 나타나서 그녀에게 난초 화분을 주었는데, 그걸 떨어뜨리는 꿈을 꿉니다. 그래서 정몽주의 어릴 때 이름이 '몽란'이었습니다. 또, 그가 아홉 살 되던 해에 그의 부친이 검은 용 한 마리가 동산에 있는 배나무를 감고 올라가는 꿈을 꾸다 깼는데, 마침 어린 몽란이가 그 배나무 위에서 놀고 있었답니다. 그래서 그의 이름을 다시 '몽룡'으로 바꿉니다. 꿈을 꿀 때마다 이름이 바뀐다는 것 자체도 흥미롭습니다. 그러다가 성인이 되는 관례를 치르고 나서 우리가 알고 있는 '정몽주'라는 이름을 얻게 됩니다. 중국 주나라의 주공과 같은 큰 인물이 되라는 의미였다고 합니다.

이처럼 우리 조상들은 이름을 지을 때 태몽을 참고하기도 했습니다. 그뿐만 아니라, 이미 아주 오랜 옛날부터 태몽으로 임신이나 그 아이의 운명을 예측하고 기원했다는 사실도 알 수 있습니다.

더 흥미로운 것은 현재까지도 한국인들은 이러한 태몽에 관한 신뢰도가 무척 높다는 것입니다. 점을 보거나 굿하는 것을 미신이라고 치부하는 사람들도 태몽만큼은 자신의 종교를 넘어서 신뢰하는 경우가 많습니다. 심지어 그 꿈이 맞았다고 여기는 분들도 많습니다.

태몽에 나오는 상징물은 해·달·별과 같은 우주 천체물이라든가, 호랑이·곰·난초 등 동식물, 가위·비녀·실과 같은 물건, 동자·선녀와 같은 인물 등 매우 다양합니다.

「심청가沈淸歌」에서도 곽씨 부인이 태몽을 꾼 후에 몸을 단정히 보존하여 열 달 만에 심청을 낳게 된다는 대목이 있습니다. 곽씨 부인의 꿈에 한 선녀가 자신의 품에 들어오면서 말하기를,

"나는 서왕모의 딸로 옥황상제에게 천도복숭아를 진상하러 가는 길에, 옥진비자玉眞妃子를 만나 잠깐 이야기하다가 시간이 늦어져서, 상제에게 야단맞고 인간세계로 귀양을 온 신세입니다."

라고 합니다. 이윽고 향내가 진동하고 오색구름이 집을 감싸더니 선녀 같은 아기가 태어나는데, 그 아기가 심청입니다.

태몽으로서 중요한 요소 중 하나는 이처럼 '무언가가 꿈을 꾼 이의 품 안으로 안긴다.'는 것입니다. 그래서 태몽은 단순히 상징물이 꿈에 나오는 것이 아니라, 꿈을 꾼 당사자와 상징물이 일정한 관계를 맺거나, 그 상징물이 스스로 일정한 행동을 하는 내용으로 구성됩니다. 선녀가 품에 안긴다든가, 호랑이 또는 곰에게 물리는 등의 꿈이

태몽에 가깝습니다.

　한국인들이 태몽에 특히 관심을 보이는 이유는 태아의 성별을 예측하기 위해서입니다. 아들의 경우에는 주로 해, 달, 별, 호랑이, 용, 돼지, 잉어, 붉은 고추, 호두, 밤, 대추 등의 상징물들이 많습니다. 딸일 경우에는 반달, 흑뱀, 흑룡, 꽃, 애호박, 푸른 참외, 오이, 사과, 꼭지 떨어진 과일 등이 나옵니다. 그런데 이것은 참고사항일 뿐 사람과 상황에 따라 다릅니다.
　태몽을 통해 태아의 성별에 관심을 갖게 된 것은 오래된 남아선호 의식으로 인해서 남아를 기대하는 심리가 깔려 있다는 이야기도 있습니다. 그러나 이것은 시대적 배경이나 문화적 상황에 따라 달라질 수도 있는 부분입니다. 남아선호사상보다는 신비로운 새 생명이 잉태된 순간부터 어떤 아기인지 그 자체가 궁금했기 때문에 태몽에 관심이 많은 것입니다.

　좀 특이한 태몽도 있습니다. 무덤 위에 꽃이 피는 꿈을 꾸면 귀한 자식을 얻는다고 합니다. 마늘을 사거나 얻는 꿈은 성직자나 교육자 등 정신적인 지도자가 태어나는 태몽이라고 합니다. 마늘 꿈도 태몽이 되는지 의아해하는 분들도 계실 듯합니다. 참고로 마늘은 신의 음식이라고 해서, 대개 마늘 꿈은 태몽이 아니라 하더라도 재물이나 사업 자금을 의미합니다. 또, 집안에 재물이 늘어남을 상징합니다.

그러니까 마늘 태몽으로 태어난 사람은 그 집안에 재물 이상의 복덩이라는 의미로 확대해석할 수 있습니다.

단군신화에도 마늘이 나옵니다. 곰이 쑥과 마늘을 먹어서 여인이 되고, 그 여인이 웅녀가 되어 환웅과 혼인하여 단군을 낳고, 단군이 우리 민족의 시조가 된다는 신화입니다.

아무튼 태몽을 통해서 여러 위인이 탄생했다는 이야기를 곳곳에서 들을 수 있습니다. 일제강점기 때 민속학자였던 이능화는 『조선여속고』에 이런 글을 남겼습니다.

고승高僧의 비장碑狀을 상고하여 보니 태몽 없이 탄생한 아기가 하나도 없더라. 이는 습례習例가 그러한 것이다.

이는 '비범한 아이는 범상치 않은 태몽을 꾸고 태어나더라.'로 해석할 수 있습니다.

역사적 위인뿐만 아니라 우리가 세상에 태어나는 것 자체가 신비로운 일이고, 범상치 않은 기운이 모인 것입니다. 태몽이 갖는 중요한 시사점은 우리는 모두 소중한 존재라는 사실을 알려준다는 것에 있습니다.

바쁘고 힘든 삶을 살아가다가 이 중요한 사실을 우리 스스로가 놓치고 살고 있는 것은 아닐까 생각해 볼 필요가 있습니다. 그래서 더욱 오늘 하루가 소중하고, 우리의 삶이 귀중한 것입니다.

산 자와 죽은 자의 화해, 삼신받이굿

　　　　삼신三神이라고 들어보셨나요? 삼신은 집안의 자손을 점지해주는 신神입니다. 주로 여성, 특히 할머니 신이라고 해서 '삼신할머니'라고 부릅니다. 삼신할아버지가 있는 지역도 있긴 하지만 아무래도 삼신할머니가 더 일반적입니다.

　　삼신은 아기의 점지와 출산을 관장합니다. 이후 아기가 대략 10세 무렵까지 성장하는 동안 수명과 건강을 주관한다고 알려져 있습니다. 과거에 아기가 있는 집에서는 삼신을 따로 극진히 모시는 경우가 많았습니다. 아기가 태어나면 삼칠일(21일) 동안 메[밥]와 미역국을 삼신에게 올립니다. 한 생명이 잉태되고 태어나게 하는 결정적인 역할을 했다는 공로를 인정받는 것입니다. 지역에 따라 조금 다르긴 합니다만, 10세 이전까지 아이의 생일에 메, 흰설기떡, 미역국, 청수를 따로 장만해서 삼신에게 올리기도 합니다.

　　자손이 귀한 집에서는 삼신을 특히 많이 위했습니다. 단지 또는 헝겊 주머니에 쌀을 봉안해서 삼신의 신체神體로 삼고 모셔두기도 합니다. 따로 모셔놓는 것이 없다 하더라도 안방 한쪽은 '삼신께'라고 생각합니다. 별도로 정성을 드리는 집에서는 가을 농사를 마치고 이 삼신단지 또는 주머니에 햅쌀을 갈아 넣습니다. 이때 모셔두었던 쌀은 절대로 남을 주지 않습니다. 오로지 식구들끼리만 그 쌀로 밥을 지어 먹습니다.

그렇다면 삼신이라는 이름은 어디서 유래한 것일까요? 일단 기본적으로는 숫자 3을 의미한다고 해서 삼신이라고 합니다. 그래서 삼신 앞에 제물을 올리면 꼭 메도 세 그릇, 미역국도 세 그릇, 청수도 세 그릇을 올려놓습니다. 또, 출산의 산產과 관련이 있어 산신產神이 삼신으로 발음이 변했다는 설도 있습니다. 가장 유력한 것은 '삼'을 순수한 우리말로 보아 '태胎'를 의미한다는 설입니다. 제 개인적인 의견이기도 합니다만, 우리말로 인생을 '삶' 또는 '살아감'이라고 하기 때문에 인간이 살아가는 것, 그것을 관장하는 신이 삼신이 아닐까 하는 생각도 해봅니다.

일제강점기까지만 해도 며느리와 딸, 또는 시어머니와 며느리가 거의 같은 시기에 한 집에서 출산하는 경우가 간혹 있었습니다. 아기 한 명당 삼신이 따로 있거나, 한 가문에 삼신이 한 분씩 있기 때문에 한 집에서 여럿이 임신한 경우에는 각자의 삼신끼리 싸운다는 말이 있습니다. 그래서 시어머니와 며느리 간에 또는 며느리와 딸이 동시에 출산할 경우, 서로 피해서 아기를 낳기도 했습니다.

만약 아기가 들어서지 않아서 곤란한 부녀자들은 삼신을 받는 굿을 해서 임신을 기원하기도 합니다. 이를 '삼신받기'라고 합니다. 대개 무당이나 독경을 하는 법사님을 불러서 삼신을 받습니다. 삼신 받는 장소는 지역마다 다르긴 하지만 공통점이 있다면, 인적이 없는 산속, 그중에서도 물이 나오는 곳입니다. 물과 생명은 서로 매우 밀접한 관련이 있다는 사고가 반영된 것입니다.

삼신굿과 관련해서 재미있는 전제 조건이 있습니다. 삼신굿을 하고 나면, 임신을 원하는 여자는 굿을 마친 후 일정 기간 동안 절대로 다른 사람과 만나거나 대화를 나누어서는 안 된다는 금기가 그것입니다. 삼신할머니가 질투가 많다고 여겨서 생긴 말입니다. 만약 삼신굿을 받은 여인이 다른 여인과 대화를 나누면, 이 삼신이 애꿎게도 그 여인에게로 넘어가서 엉뚱한 여인이 임신을 해버린답니다. 다른 남자와 대화를 나누어도 마찬가지입니다. 그 남자의 부인에게 삼신이 넘어가버려서 그 부인이 임신을 하게 된다는 속신이 있습니다. 그래서 '삼신 받는 굿'은 은밀하게 이루어지는 경우가 대부분입니다.

민속 공부를 하는 저조차도 삼신굿을 제대로 본 것은 고작 딱 한 번뿐입니다. 2004년 여름, 충청북도 옥천군의 어느 작은 마을에서 행해진 삼신굿이었습니다. 정말 아주 우연한 기회에 참관하게 되었습니다. 타인은 절대 그 자리에 있어서도 안 되는 굿인데, 제가 굿을 주관하는 보살 할머니를 조르고 졸라서 의뢰인들에게 겨우 허락을 얻었습니다.

그날 삼신을 받으러 오신 분은 충북 어느 지역에 사는 40대 초반의 부부였습니다. 그들에게는 안타까운 사연이 있었습니다.

이 부부에게는 슬하에 예쁜 남매가 있었는데, 아들이 12살 나이에 의료사고로 세상을 떠나고 말았습니다. 아들을 잃은 아버지의 상심과 슬픔이 너무 컸답니다. 그런데 아버지는 아들이 죽은 원인이 예전에 돌아가신 자신의 어머니 때문이라고 여겼습니다. 이미 돌아가신 할머니의 혼이 손자를 빨리 데리고 가고 싶어서, 아이가 죽음에 이르렀다고 생각하게 된 것입니다. 그런 생각이 더욱 깊어지자, 아버지는 돌아가신 자신의 어머니를 무척 원망하게 되었고, 억울하고 분한 마음에 산소에 가서 울면서 따지기도 했답니다. 아들을 잃은 상심이 얼마나 컸으면 그랬겠습니까.

이렇게 생각할 만한 이유가 있었답니다. 생전에 할머니에게 신이 내렸는데 그 신내림을 거부하고 살다가 돌아가셨다고 합니다. 한국의 무속신앙에서는 만약 그렇게 신내림을 거부하면 그 자손에까지 해가 미칠 수 있다는 관념이 있습니다. 그러한 의심이 아들에게 계속 쌓여 있었던 것입니다.

한편, 부인의 입장에서는 아들을 잃은 남편이 너무 허전해하고, 아이의 죽음에 대한 원망을 돌아가신 시어머니한테 하는 것이 가슴 아팠답니다. 부부는 아들 잃은 아픔을 극복할 방법으로 다시 아들을 낳기 위해 노력합니다. 그런데 당시 부인의 나이가 40세가 넘어 임신이 쉽지 않은 상황이었습니다. 노력 끝에 얻은 아기도 유산하고 맙니다. 그러던 중에 친척들의 주선으로, 옥천에 사는 보살님이 삼신굿에 용하다는 소문을 듣고 찾아왔던 것입니다.

당시 보살님은 80세로 매우 고령이었습니다. 무당이라고 해서 무서운 느낌은 없었고, 아주 평범한 인상에 자상한 시골 할머니였습니다.

그날 진행된 삼신굿은 독경을 중심으로 하는 충청도 전통의 앉은 굿 형태였습니다. 보살님이 종이로 고깔을 접어서 머리에 쓰고, 스스로 북과 징으로 반주하며 독경과 축원을 했습니다. 독경의 끄트머리에 동네 대잡이 할머니를 불러다가 대를 잡게 했습니다. 보살님이 그 앞에서 북과 징을 치며 대에 신이 내리기를 청합니다. 한참 지나서 대를 잡은 할머니의 손이 벌벌 떨리면서 대가 뛰기 시작합니다.

대에 신이 내렸다는 신호입니다. 보살님은 대를 향해서 어느 신이 내려오셨는지 물어봅니다. "삼신님이 내려오셨습니까?"라고 물었는데, 대가 가만히 있으면 '나는 삼신이 아니다.'라는 뜻입니다. 대가 힘차게 위아래로 뛰면 '맞다.'라는 의미입니다. 그런 식으로 대잡이와 무당이 대화를 이어갑니다.

보살님의 말씀에 따르면 삼신은 곧 집안의 조상님이라고 합니다. 그러니까 보살님은 아이의 할머니가 신으로 내려와서 자신의 아들과 화해를 해야 새로운 아기가 점지될 수 있다고 생각하신 것입니다.

대를 쥔 대잡이 할머니 손이 떨리기 시작하면서 대가 뛰자, 보살님이 돌아가신 할머니가 신령으로 내렸다고 알려주었습니다. 순간, 굿을 의뢰한 아이 아버지의 눈이 분노로 가득 찼습니다. 그동안 맺히고 쌓였던 자신의 어머니에 대한 원망이 쏟아지기 시작합니다. 그러면서 펑펑 웁니다. "왜 내 아들, 당신의 손자를 그리 일찍 데려가셨냐."고 따지며 웁니다.

신으로 내린 할머니와 대를 통해서 대화를 나누는 보살님은 모자간의 화해를 위해서 많은 노력을 했습니다.

보살님은 "그래도 자식 잡아가는 부모가 세상에 어디 있겠느냐?"라며 펑펑 우는 아들을 달래고 얼러 줍니다. 그리고 돌아가신 어머니는 분명히 새로운 아기를 점지해 주겠다고 약속해 줍니다. 속 시원하게 눈물을 쏟은 아들도 어머니와 진정한 화해를 합니다. 아들은 어머니에게 투정부려서 미안하다고 사과했습니다.

이번에는 12살에 죽은 아들의 혼이 대에 실렸습니다. 엄마와 아빠가 보고 싶어서 할머니의 혼을 따라왔나 봅니다. 부부는 또 한바탕 눈물을 쏟고 말았습니다. 할머니와 그곳에서 잘 지내라고 하고, 이승에서 함께 다하지 못한 애틋한 부모의 마음을 전해주었습니다. 이렇게 산 자와 죽은 자의 화해가 이루어졌습니다.

저는 이 굿을 시작하기 직전에 이 부부와 함께 점심을 먹었습니다. 초면에 이 굿을 구경하게 된 것에 대해 미리 양해도 구해야 했고, 또 사연도 궁금했습니다.

제가 지금까지 여러분들에게 이야기한 내용을 생각하기에 따라서 미신이라고 치부하는 분도 있을 것입니다. 굿을 의뢰한 아버님도 이 굿에서 진짜 귀신이 있는지 여부를 따지지 않는다고 했습니다. 마침 이렇게 굿을 할 기회가 마련되었다길래, 한바탕 울고 싶어서 왔노라고 말해주었습니다. 이미 그의 마음 한편엔 자신의 어머니를 그토록 원망한 것에 대한 죄책감과 어머니와 화해하고 싶은 생각이 있었던 것 같았습니다. 정작 삼신굿을 통해서 죽은 아이의 아버지가 원을 풀고 간 것입니다.

한 인간을 잉태시키고 이를 관장하는 삼신은 때로는 그 집안의 조상이 되기도 합니다. 사는 것과 죽는 것, 인간의 삶이 단순히 기계적이고 동물적이지 않다는 것은 이러한 신과 인간의 조화 속에서 우리가 태어나 살고 있다는 관념이 있기 때문이 아닐까 생각합니다. 신앙의 체계가 한 인간의 잉태와 출생, 그리고 삶이 얼마나 귀하고 성스러운 것인가를 담고 있는 것입니다.

난산에 대처하는
우리의 자세 (1)

요즘에는 의학의 발달로 인해 난산의 위험이 많이 줄었습니다. 과거에 출산은 여성의 삶과 죽음을 가를 수 있는 매우 위험한 과정이었습니다. 출산의 마지막 단계에 닥치는, 예기치 못한 최고 위기 상황이 난산입니다.

가장 대표적인 난산은 자궁에서 아기가 돌지 못하고 거꾸로 나오는 상황입니다. 요즘에야 산부인과에서 대처만 잘하면 큰 문제가 없지만, 의학이 발달하기 이전 시대에 이런 상황을 만나면 산모의 생명을 장담할 수 없었습니다. 이처럼 출산은 산모의 생명을 담보로 이루어지는 것이었습니다.

제가 대학 다니던 시절에 외조부의 학적부를 찾다가, 전북 무주 어느 시골 초등학교의 1940년대 학적부를 열람할 기회가 있었습니다. 제가 놀랐던 것 중 하나는 상당수 아이들에게 모친이 없었다는 사실이었습니다. 형제도 많고 부친도 있는데, 정작 어머니 없는 아이들이 의외로 많았습니다. 시골 마을에 아주머니들이 사망할 이유가 뭐 그리 많았겠습니까. 나중에 든 생각인데, 아이의 어머니들이 거의 난산으로 사망하였던 것이 아닌가 싶었습니다.

만약, 여러분들이 일제강점기에 어느 마을에서 태어났다고 가정해 볼까요. 시집간 언니 또는 누나가 친정에 와서 출산하다가 난산을 겪습니다. 아니면, 갓 시집온 올케언니가 난산으로 고통스러워하고 있습니다. 병원도 변변한 약도 없는 시골에서 여러분은 무엇을 할 수 있을까요? 그렇다고 이러다가 죽을지도 모르는 언니 또는 동생, 자식을 바라보며 가만히 있을 수도 없습니다. 여러분 중 누군가는 간절히 신에게 빌 것이고, 또 어떤 사람은 무엇이라도 해보려고 나섰을 것입니다.

여기서 난산에 대처하는 우리의 자세가 나옵니다. 우선, 아주까리 대를 구해 와서 임산부가 있는 방 안 네 귀퉁이에 세워놓습니다. 아주까리 대는 굉장히 미끄럽습니다. 그런데 이걸 왜 방 안에 둘까요? 아주까리 대가 미끄럽듯이 임산부가 아기를 미끄럽게 쑥 잘 낳으라는 뜻입니다. 난산을 겪는 부인을 위해서 아주까리 대를 방 안에 들여놓는 것은 거의 전국적으로 나타나는 현상이라, 조선의 웬만한 집에서는 다 아는 방법이었습니다. 그러면 신기하게도 아기가 잘 나왔다는 이야기가 많이 있습니다.

이렇게 '유사한 것이 유사한 것을 만든다'라는 관념을 '유감주술類

感呪術'이라고 합니다. 이와 유사한 방법이 몇 가지 더 있습니다. 역시 미끄러운 성질을 이용하는 방법으로 계란이나 참기름을 임산부에게 긴급하게 먹이기도 합니다. 바가지에 물을 담아 와 마당에 뿌리거나, 우물을 길어다가 부엌 항아리에 쏟아붓기도 합니다. 한 번에 물이 쏟아지듯 단박에 출산을 잘하라는 의미입니다.

난산은 임산부의 자궁과 산도가 차단되어서 아기가 나오지 못하는 것이라고 여기기 때문에, 난산의 고통을 겪게 되면 그 집안 모든 식구들은 대문, 부엌문, 방문, 심지어 서랍이라는 서랍은 모두 다 열어둡니다. 이래도 안 되면 장롱의 문짝을 해체하거나 창문을 뜯어버리기도 합니다. 울타리를 아예 뜯어버릴 수도 있습니다.

그냥 듣기만 해도 너무 간절한 마음이 느껴지지 않나요? 막힌 것을 트고, 닫힌 것을 열고, 맺힌 것을 풀어주는 행위를 통해, 가족들의 다급한 마음을 읽을 수 있습니다. 생과 사를 넘나드는 산모를 이렇게 해서라도 살릴 수만 있다면 이까짓 일쯤이야 왜 못 하겠습니까.

만약에 이렇게 모든 방법을 다 동원했는데도 산모가 난산 끝에 결국 사망했다면 이것은 누가 잘못한 것일까요? 남편이 잘못한 것일까요, 아니면 산파가 잘못한 것일까요? 산모의 운명인가요? 무기력하게 사랑하는 가족의 죽음을 바라볼 수밖에 없었던 사람들은 그 책임의 일부를 자신에게 돌립니다. 뭐라도 하지 않은 자신을 탓합니다.

"내가 그때 방에 있는 모든 문을 열었어야 했는데 …"

"우물 뚜껑을 내가 열어놨으면 혹시 살았을지도 모르는데 …"

라고 생각합니다. 그런 안타까운, 그러나 따뜻한 마음이 때로는 기적을 만들기도 합니다.

난산에 대처하는 방식 중에 순산의 기운을 임산부에게 접촉시켜서 난산을 순산으로 바꾸고자 하는 행위도 있습니다. 마을 주민 중에 출산 경험, 그것도 순산의 경험이 많은 다산부多産婦를 데리고 와서 직접 임산부의 배를 만져주거나 타넘기도 합니다. 만약 직접 데리고 오지 못할 상황이 되면, 다산부의 옷이나 치마, 속옷을 가지고 와서 임산부의 배에 덮어주기도 합니다. 일종의 희망과 심리적인 위로를 주는 것입니다.

부인이 난산을 겪는 동안 우리의 남편은 도대체 무엇을 하고 있어야 할까요? 물론 가장 애타는 사람은 남편일 것입니다. 이러한 상황이 안타깝고 고통을 함께 나누지 못해서 미안할 것입니다. 우리의 민속에서는 난산 때 남편의 역할이 상당히 중요하게 나타납니다.

임산부에게 남편의 허리띠를 둘러주거나 남편의 옷을 덮어주기도 합니다. 심지어 남편의 이름을 종이에 써서 임산부의 발바닥에 붙여줍니다. 일종의 사건 발생[임신]의 원인 행위자인 남편을 응징하는 것입니다. 난산의 고통에 힘들어하는 부인에게 '남편은 너의 발바닥 밑에 있는 놈!'이라는 의미입니다. 옛날에 출산하는 부인에게 남편이 상투를 잡혀준다는 말이 있지 않습니까? 이것과 의미상 비슷한 것이라 할 수 있습니다.

또, 남편이 샘에 가서 물을 떠다 부인 입에 넣어주기도 합니다. 이때 주의할 점은 남편이 바가지에 물을 담아 오더라도 부인에게는 입에서 입으로 전해주어야 한답니다. 그 밖에도 남편이 부인을 업고 집을 한 바퀴 돌기도 하고, 꿇어앉히고 물을 뿌려주기도 합니다. 실제로 생과 사가 오고 가는 상황이기에 대단히 절박한 마음으로 했을 것입니다. 요즘 남편들은 옛날에 비하면 정말 편해졌습니다.

남편이 부인과 함께 분만의 고통을 느낀다는 것은 전 세계적으로도 나타나는 현상입니다. 이를 '쿠바드couvade'라고 합니다. 그런데 우리 조상들은 남편이 부인의 고통을 함께 느끼지 못하면 아예 강제적으로 조치합니다.

강원도 강릉 지역에서는 부인이 난산을 겪게 되면 남편이 소 길마*를 쓰고 지붕에 올라가서 소 울음소리를 세 번 내야 합니다. 소처럼 쑥쑥 빨리 낳으라고 그렇게 한답니다. 왜 하필 지붕에 올라가야 할까요? 과거의 농촌을 한번 상상해 보실까요.

초가지붕 위로 올라가면 그 모습이 온 마을에서 다 보입니다. 지붕 높이가 비슷하기 때문입니다. 남편 입장에서 생각해 보면 난처합니다. 사경을 헤매는 부인 앞에서 할 이야기는 아니지만 망신스럽기도 합니다. 동네방네 소문나는 건 기본이고요. 난산을 극복하기 위해 그 남편이 지붕 위에 올라가서 소 멍에를 쓰고 소 울음소리를 내

---

*길마: 소의 등에 얹어 물건을 나르는 기구.

는 모습을 상상해보십시오. 망신스럽기 짝이 없지만 이 소리를 들은 부인은 어쩐지 힘이 납니다. 그런 삶의 위기 속에서 진정한 인간애와 사랑이 드러납니다.

그런데 이런 난감한 방법으로 우리 민족의 대단한 인물이 태어납니다. 이분이 누구인지는 다음 편에서 이야기하겠습니다.

난산에 대처하는 우리의 자세 (2)

임산부가 난산의 고통을 겪는 그 순간에 우리들이 할 수 있는 것이 무엇이냐가 문제입니다. 그러한 행위가 비합리적이고 비과학적인 것인가를 따지는 것은 부차적인 문제입니다. 정작 중요한 것은 그 행위를 하는 마음자리입니다. 저는 우리가 그동안 마음자리를 생각해 보는 일에 소홀했다고 생각합니다.

그래서 저는 한국인들의 삶이 착한 마음을 바탕으로 그 따뜻함을 잃지 않고, 인간애를 실현하고 살았다는 사실을 하나씩 풀어서 이야기하려고 합니다. 우리의 민속에서 나타나는 여러 관습과 행동 양식이 서구의 시각에서는 이상하고 비합리적인 행위로 보일지도 모릅니다. 우리들조차도 옛 문화와 관습을 서구식 관점에 휩싸여 덮어 놓고 매도하기도 합니다.

제가 앞에서 부인이 난산을 겪을 때 남편이 지붕 위에 올라가서 소 울음소리를 세 번 내면 순산한다고 말씀드렸습니다. 미신이라고 생각하거나 코미디 같은 이야기라고 생각하실지 모르겠습니다만, 이런 방식으로 난산의 위기를 극복하고 태어난 분이 바로 백범 김구金九(1876~1949) 선생입니다. 이 이야기가 『백범일지白凡逸志』에 나옵니다.

> 앞으로 내 일생이 기구할 조짐이었는지 나의 탄생은 유례없는 난산이었다. 산통이 있은 지 근 일주일이 지나도록 아이는 태어나지 않았고 산모(김구 선생의 모친)의 생명은 위험하였다.
> 친척들이 모두 모여 온갖 의술 치료와 미신 처방을 다 하였지만 효력이 없었다. 상황이 자못 황급해지자 집안 어른들은 아버님께 소 길마를 머리에 쓰고 지붕 용마루에 올라가 소 울음소리를 내라고 했지만, 아버님은 선뜻 따르지 않았다. 할아버지 형제분들이 다시 호통을 쳐서 아버님이 시키는 대로 하고 난 후에야 내가 태어났다고 한다.

이렇게 남편이 부인의 난산 앞에서 굴욕을 감수하는 이유가 무엇일까요? 상식적이긴 하지만 아마도 고통 분담이 아닐까 싶습니다. 난산으로 사경을 헤매는 부인은 남편이 자신을 위해서 지붕 위로 올라갔다는 얘기를 전해 들을 것입니다. '이 고통이 산모인 당신 혼자만의 것이 아니다. 그리고 남편을 비롯한 온 가족이 같이 힘겹게 버텨주고 응원하고 있다.'라는 사실을 전합니다. 없던 힘도, 젖 먹던 힘까지 다 써서 그렇게 새로운 생명이 태어납니다.

난산에 대처하는 방식은 평안도로 가면 더욱 과격해집니다. 평안도 박천지역 풍속에는 지붕에 올라간 남편이 비명을 지르며 나뒹굴다가 아예 추락해버립니다. 떨어져 죽을 정도는 아니지만, 약간의 타박상은 입을 것입니다. 이처럼 지붕 위에 임산부의 남편이 나뒹굴고 소리를 고래고래 지르면, 밑에서 바라보는 사람들은 그 광경을 뭐라고 할까요? "아이고! 지랄하네!"라고 할지도 모르겠습니다. 그래서 이러한 민속 관행을 실제로 "지붕 지랄"이라고 부릅니다. 고의적인 추락을 통해서 출산을 촉진시키려는 일종의 주술적인 행위라고 할 수 있습니다. 즉, 지붕에서 떨어지는 사람처럼 엄마 배 속에서 툭 떨어져서 빨리 나오라는 의미로 해석됩니다. 난산으로 죽음의 위기에 처해 있는 부인을 위한 남편의 마지막 초강수입니다.

인간이 한계에 부딪혔을 때 초월적 존재에게 구하는 절실한 염원, 사람이 사람에게 마음을 다하는 간절한 정성이 만들어낸 문화가 아니었을까요. 혹자는 의학이 발달하지 못했고, 사람들이 무식하니까 그렇게 했겠지라고 생각할 수도 있겠습니다만, 지붕에서의 추락과 출산과의 상관관계를 굳이 의학적으로 설명할 필요는 없습니다. 사람을 대하는 우리의 심성과 삶을 대하는 철학의 문제인 것이기 때문입니다.

시엉어머니 삼아주기와
업둥이의 의미

'아이처럼'이란 말은 순수하다는 의미를 내포하고 있습니다. 순수한 아기들에게는 하늘에서 내린 천사라는 이미지가 투영되어 있기도 합니다. 인구절벽이 심각한 요즘, 과거에 아이들이 얼마나 귀한 존재로 대접받았는지 알아보겠습니다.

아이에게 시엉어머니를 삼아주는 민속과 함께 업둥이에 대한 민속적 관념을 이야기해보겠습니다. 사고판다고 해서 오해하면 안 되는 것이, 결코 인신매매가 아닙니다. '시엉어머니'와 '시엉아들'로 관계를 맺기 위한 일종의 의례 행위입니다. 시엉어머니와 시엉아들은 '수양어머니', '수양아들'의 다른 표현입니다. 혈연관계는 아니지만 새로 부모와 자식 관계를 맺었다는 의미입니다. 그렇다고 해서 아예 자식을 입양해서 수양아들로 삼는다는 이야기가 아닙니다. 예를 들어, 천주교식으로 아이에게 '대모' 또는 '대부'가 되어준다고 생각하면 이

해가 편할 것 같습니다.

　과거에는 아이의 운을 보아, 명이 짧거나 팔자가 사나우면 두 어머니를 모셔야 한다고 하여 시엉어머니를 따로 모시기도 했습니다. 시엉어머니가 되실 분이 원진살과 고아살 같은 나쁜 액운이 있으면 곤란하니 이런 사람은 피합니다. 무당이 스스로 시엉어머니가 되어 주는 경우도 많습니다. 무당은 종교적 사제 역할을 하는 사람들이기 때문에, 무당에게 아이를 맡겼다는 것은 '신에게 아이를 의탁했다.'라는 의미가 됩니다. 신에게 의탁된 아이니까 그 아이가 행복하게 살도록 신령님이 책임져야 합니다.

　무당을 시엉어머니로 삼을 때에는 이렇게 합니다. 아이의 장래 운수가 매우 안 좋다고 여겨지면, 아이 엄마는 좋은 날을 잡아 보살님 댁으로 아이를 데리고 갑니다. 시엉어머니에게 드릴 옷 한 벌을 마련해 가기도 합니다. 속옷부터 겉옷까지 잘 갖추어 줍니다. 그것을 받은 시엉어머니는 아이를 샀다는 의미로 동전 세 개를 건네줍니다. 그 동전은 아이를 판 돈이므로 아이의 부모는 이를 함부로 사용하지 않고 잘 보관해둡니다.

　만약 돌 지나기 전의 갓난아기라면 시엉어머니는 다음과 같은 행동을 합니다. 아기 어머니가 가져다준 옷을 갖추어 입고는 그 치마 속에 갓난아기를 담았다가 아래로 살짝 내려놓으면서 "애기 낳네!"라고 외칩니다. 자신이 아기를 낳았음을 상징적으로 표현하는 행동입니다. 그러나 백일이 지난 아기는 이렇게 하지 않습니다. 아기가 너무 커서 무거우니 그렇게 할 수 없다고 합니다.

　아이에게 시영부모를 삼아주는 것은 주로 아이가 10살이 되기 전에 행합니다. 일단 시엉어머니와 시엉아들로 맺어지면, 그 두 사람은 평생을 실제로 부모와 자식 관계가 된 마음으로 살아갑니다. 설에 세배 가는 사례가 가장 대표적입니다. 아주 옛날이야기이지만 시엉어머니가 돌아가시면 상복喪服을 입고 삼년상을 치렀다는 말도 있습니다. 아이에게 나쁜 액운을 막고 복을 빌어주기 위해서 맺은 어머니이긴 하지만, 친어머니 못지않게 생각한 것입니다. 삼년상을 치를 정도로 시엉어머니에게 정성을 다했다는 것을 보면 피가 섞이지 않은 부모 자식 간에도 어떠한 정이 오고 갔는지 상상이 됩니다.

　이번에는 아기를 거두는 민속에 대해서 이야기해보겠습니다. 옛날에는 집안에 여러 신령들을 모셔놓은 집들이 많았습니다. 대청마루에는 성주신이 있습니다. 부엌에 가면 우리 어머니 또는 할머니가 물 한 그릇 떠놓고 빌던 조왕님이 계십니다. 장독대에는 터주신 또는 지신이나 칠성님도 있습니다. 이렇게 집안에 있는 신령들은 그 가족을 보호하고 지켜주는 역할을 합니다.

　여러 신들 중에 제가 소개할 신은 바로 '업'이라는 신입니다. 업은 재물을 관장하는 신이라서 그 집안의 재복財福을 가져다줍니다. '업'은 본래 사람의 눈에 띄지 않습니다. 만약에 보인다면 두꺼비나 뱀 형상으로 나타난다고 합니다. 두꺼비 하면 콩쥐팥쥐 이야기가 떠오르지 않습니까? 콩쥐랑 놀아주는 그 두꺼비는 부富를 가져다주는 업신이었을 것입니다.

그래서 옛날 어른들은 집 마당에 징그러운 뱀이 나타나더라도 절대 죽이거나 집 바깥으로 내쫓지 않았습니다. 오히려 얼른 집 안으로 들어오시거나, 사람 안 보이는 곳으로 숨으시라고 합니다. 그리고 크게 한숨을 쉽니다. 인간의 눈에 업이 보였으니 이제 우리 집 망할지도 모른다며 울먹이기도 합니다. 업이 사람 눈에 띄면 그 집안의 운수가 다했거나 재물운이 나간다는 말이 있기 때문입니다.

이 업 중에는 두꺼비업과 뱀업 말고 하나가 더 있습니다. 바로 '인업'입니다. 사람을 지칭하기에 인人업입니다. 업은 본래 사람 눈에 잘 띄지 않는 신령인데, 사람의 형상이 되어 나타날 수도 있습니다. 그러면 누가 인업이라는 말일까요? 우선 그 집안에 새로 들어오는 며느리가 인업일 수 있습니다. 며느리를 보았는데, 그 이후부터 집안 운수가 좋아진다면 그 여인을 인업이라고 생각하고 받들어 줍니다.

한편, 과거에는 어려운 형편으로 자기 자식을 키우지 못해 강보에 싸서 부잣집 대문 앞에 가져다 놓는 경우가 간혹 있었습니다. 이 아기 역시 인업입니다. 말 그대로 아기가 신神입니다. 부잣집에서는 누구 아기인지는 모르지만 나 몰라라 무시하거나, 굶겨 죽이거나 내팽개치지 않습니다. 일단 집안으로 거둬들여서 키웁니다. 달리 다른 방법이 없습니다. 경찰서에 신고할 수도 없고, 요즘처럼 복지재단이 있어서 입양 과정을 거치게 할 수도 없습니다. 그런데 억지로 키우는게 아니라 신神이 우리 집에 복을 주러 아기의 모습으로 찾아오신 것이라 여기는 겁니다. 저는 이 대목에서 참된 인간미를 느낍니다.

재물을 가져다주는 신이 아기의 형상으로 대문 앞에 나타난 것입니다. 그 집안에는 골칫덩이가 아닌 복덩이가 굴러온 것입니다. 대문 앞에 버려진 어린 아기를 다시 내치지 않고 이를 받아들이는 관념과 문화가 '인업'이라는 신앙 형태로 녹아 있습니다.

형편이 어려운 집이라도 아기가 놓여 있으면 받아들입니다. 어려운 형편에 재물의 신이 들어오셨으니 오히려 감사할 일입니다. 이 아기 덕분에 부자가 될 것이라는 기대가 생깁니다. 꼭 부자가 되지 않는다고 하더라도, 이 아기는 우리에게 좋은 복을 주는 아이라고 생각합니다. 이러한 문화는 내가 낳은 아기가 아니어도, 가슴으로 보듬어줄 수 있는 사회가 만들어낸 결과물이자 의식意識이라고 할 수 있습니다.

요즘은 이러한 이야기가 아득한 옛이야기로 멀게만 느껴질 정도로 각박해지고, 이웃을 돌아보는 일이 적어졌습니다. 물론, 사회복지 시스템으로 이러한 문제를 해결하려고 노력하는 모습도 있지만, 적어도 우리는 그런 따뜻한 인간미는 잃지 말아야 하지 않을까 싶습니다.

봄에
하얀 나비를 보면

　봄철과 관련한 속담과 속신을 소개할까 합니다. 봄은 한 해가 시작되는 시기입니다. 겨우내 얼어붙었던 땅도 녹고, 농부들은 농사를 시작합니다. 학교에서는 새 학기가 시작되고, 직장에서도 한 해 업무들이 본격적으로 진행됩니다. 이렇게 무엇이든 일이 시작되기 직전에는 그 일이 앞으로 어떻게 될지 궁금하기 마련입니다. 그래서 아기가 태어나고 돌이 되면, 커서 어떻게 될까 궁금해서 돌잡이도 해 보는 것입니다.

　만물이 소생하고 새로운 일이 시작되는 봄철에는 한 해를 예측해 보기 위해 점을 쳐보는 일이 많습니다. 가장 대표적인 것이 동구나무 또는 당산나무의 잎이 피는 모양을 보아서, 그해 풍년과 흉년을 예측하는 것입니다. 이를 지역에 따라서는 '당산나무 잎점'이라든가 '느티나무 잎으로 점치기' 등으로 부릅니다. 그 마을 또는 그 인근에서 가장 큰 나무, 또는 제사를 받는 당산나무의 잎이 피는 모양을 보는 것입니다. 잎이 나무 꼭대기에서부터 피기 시작해서 아래로 핀다든지, 아니면 잎이 동시에 핀다든지, 또는 잎이 왼쪽부터 펴서 오른쪽으로 핀다든지, 아니면 그 반대로 핀다든지, 해마다 잎이 피어나는 방향과 내용이 조금씩 달라질 수 있습니다.

이렇게 잎이 피는 순서와 모양을 보아서 그해 모심기의 방향을 정하기도 합니다. 예를 들어 잎이 아래쪽부터 피면 그 마을의 아래 논부터 모를 심습니다. 어느 지역에서는 당산나무 잎이 높은 곳에서 아래로 피면 밭농사가 잘되고, 아래부터 피어 올라가면 논농사가 잘된다고 합니다. 또 다른 지역에서는 늦게 피는 쪽이 아래쪽이면 그곳에 흉년이 든다고 합니다.

이렇게 나뭇잎이 피는 모양으로 점을 치는 이유는 강우량에 따라 농사의 성패가 달렸기 때문이라고 할 수 있습니다. 나무의 봄철 생장이 그해 강수량과 관련이 있다고 보는 것입니다. 나름의 경험과학인 것이지요.

이 대목에서 우리 전통문화를 이해하는 마음가짐을 짚고 싶습니다. 느티나무에서 잎이 피는 것과 그해 강수량을 비교 분석해서 이를 과학적으로 입증하자는 것이 아닙니다. 풍년과 흉년을 예측하고 한 해 농사에 임하는 마음 태도를 알아보자는 것입니다. 이러한 속신을 가만히 들여다보면 점을 치는 이유는 불확실한 미래를 맹목적으로 수용하거나 굴복하기 위해서가 아닙니다. 적극적으로 농사를 짓기 위해서 방향성을 정하려는 것입니다. 그러니까 "이런 상황이 되면, 나중에 어떻게 된다."라는 단정적인 점치기로 끝나는 것이 아니라, "이런 상황이 될 수 있으니, 이렇게 대응해라."라는 것입니다. 이러한 예측은 삶을 능동적인 태도로 만드는 동력이 될 수 있습니다.

예를 들어, 잎이 아래부터 피는 모습을 보고 속신대로 아래쪽부터 농사를 지었다고 가정해 보겠습니다. 그런데 그 예측이 틀렸다고 해서 화를 내거나 그 나무를 베어 버리지 않습니다. 그냥 그에 맞춰서 대응하고, 내년에 또 그 나무를 신뢰해서 점을 쳐봅니다.

결론적으로 점이 맞다 안 맞다가 중요한 것이 아닙니다. 그 점괘를 보고 내가 어떻게 대응했느냐가 중요한 것입니다. 오랜 기간 이러한 경험이 축적되어 속신이 만들어졌을 것입니다.

이러한 맥락에서 제가 봄철에 자주 보이는 나비에 대해서도 이야기하려고 합니다. 갑자기 봄철의 나비라니, 궁금하지 않나요?

우리 동요 중에 이런 노래가 있습니다.

나비야 나비야 이리 날아오너라. 노랑나비 흰나비 춤을 추며 오너라.

이 노래는 독일 민요에 우리말 가사를 붙인 것이라고 합니다. 하얀 나비는 봄철에 흔히 볼 수 있는 곤충입니다. 나비는 전 세계에 약

2만여 종이 있다고 합니다. 한국의 토종 나비는 한반도 전역에 약 260여 종이 있습니다. 그런데 제가 어렸을 때만 해도 쉽게 볼 수 있었던 나비가 어느 순간 우리 주변에서 찾아보기 무척 어려워졌습니다. 그 이유를 찾아보니 역시 농약 때문이라는 추측이 많습니다.

나비는 우리 전통문화에서 많은 소재로도 쓰이고 있습니다. 예를 들면, 오래된 가구에 나비 문양의 경첩이나 자물쇠 등이 있습니다. 왕비나 공주 또는 상류층 부녀자들이 머리 장식품으로 썼던 떨잠도 나비 모양이 많습니다. 떨잠이라는 단어 자체가 '떨리는 비녀'라는 뜻입니다. 나비 모양의 떨잠이 머리가 움직일 때마다 '바르르' 떨리기 때문에 정말 살아 있는 나비가 머리에 내려앉은 것처럼 보이기도 합니다. 이처럼 나비는 여성스러움이라든가 남녀 간의 사랑이나 행복의 상징으로 알려져서 여성 장신구에 많이 표현되어 있습니다. 또, 소원 성취와 입춘대길立春大吉의 의미도 함께 가지고 있다고 합니다.

그런데 민간에서는 이러한 속담이 전국적으로 전해집니다.

봄에 산에 갔다가 가장 먼저 흰나비를 보면 그해 상주喪主가 된다.

당황스럽죠? 말만 들어도 참 끔찍합니다. 봄철에 가장 먼저 내 눈에 띈 나비가 흰색이면, 올해 안에 우리 부모님 중 한 분이 돌아가신다는 말입니다. 다시 생각해보아도 참 꺼림칙합니다. 효심 깊은 분들은 봄철에 흰나비가 눈에 아른거리면 무척 화가 나실 듯합니다. 못 봤다고 눈을 가릴 수도 없습니다.

이런 속담이 만들어지게 된 배경에는 나비가 죽은 자의 영혼이라는 관념이 있기 때문입니다. 더군다나 흰색 나비는 하얀 상복이 연상되기 때문에 이러한 속신이 형성된 것이 아닌가 싶습니다.

이와 반대로 봄에 호랑나비를 먼저 보면 그해에 재수가 좋다고 합니다. 예를 들면, 결혼 못 한 총각은 그해 장가를 갈 것 같다든지, 그해 아들을 낳겠다든지 하는 길한 조짐으로 예측합니다. 호랑나비의 색깔이 화려해서 아마도 그렇게 연관 짓는 것 같습니다.

제가 들은 바에 의하면 우리나라 토종 나비 중 흰나비가 차지하는 비중이 무려 70%나 된다고 합니다. 그러니까 우리가 따뜻한 봄에 처음으로 보는 나비가 흰색일 가능성도 70%나 된다는 이야기입니다. 그러면 아까 제가 말한 저 끔찍한 속담이 맞을 확률도 70%가 됩니다. 이러한 속담을 누가 좋다고 하겠습니까.

이 속신은 차라리 악담이거나 거짓말이라고 그냥 무시해 버리는 것이 나을 수도 있겠습니다. 그러면 우리 조상님들은 왜 저런 속담을 만들어냈으며, 또 이를 어느 정도 믿었을까요? 정상적인 사람들이라면, 흰나비를 보았으니까 올해 초상 치러야겠다고 생각하지는 않을 것입니다.

우리는 이 속담이 만들어지는 배경의 마음자리를 살펴볼 필요가 있습니다.

한 해가 시작되었습니다. 따뜻한 봄날에 나비를 보면 "아! 봄이구나!"라는 생각을 할 수 있겠죠? 그러면 올 한 해에도 우리 부모님이 건강하고 무탈하시면 좋겠다는 생각도 들 것입니다. 아! 그런데 하필 흰나비를 보고 말았습니다. 여러분이라면 무슨 생각이 들까요?

그렇습니다. 올 겨울에는 우리 아버님 댁에 보일러 놔드려야겠네. 아니면, 올해 우리 부모님께 보약 한 채 해드려야지. 이런 생각이 들 수밖에 없는 속담입니다. 즉, "봄철 흰나비를 보면 그해에 상주가 된다."는 말은, 그해 후회하지 않도록 부모님께 효도하라는 의미가 담긴 매우 철학적이고 교훈적인 속담으로 해석이 됩니다.

저는 여기에 더해서 나비의 출현 시점도 중요하다고 생각합니다. 한 해가 시작되는 시기인 봄입니다. 사람의 마음은 늘 일관성 있기 어렵고, 마음먹은 것을 행동으로 옮기기가 쉽지 않습니다. 그렇기 때문에 우리는 매년 새해가 되면 새 다짐을 합니다. 이렇게 신년 계획을 세워놓고는 다음 해가 되면 또 반성하고, 새해 다짐을 반복합니다.

그런 우리들에게 하얀 나비는 매년 봄마다 찾아와서 부모님의 안부를 물었던 것입니다. 저는 이것이 우리 조상들의 지혜와 그 깊은 마음이 응축된 민속의 철학이라고 생각합니다. 이 짧은 한 줄의 속신에 애틋한 정이 담겨 있는데, 이 의미를 모른다면 악의惡意적인 표현이라고 치부해버릴 것입니다.

저는 이 속담에 내재되어 있는 것을 한마디로 요약하면 '착한 마음'이라고 생각합니다. 의미를 곱씹어 음미하지 않으면 그 마음을 읽어내기가 무척 어렵습니다. 우리 문화는 그래서 잘 읽고 음미하는 것이 중요합니다. 이 글을 읽는 여러분들도 따뜻하고 착한 마음으로 매년 봄을 맞이하면 좋겠습니다.

'신구간'에 이사 갑니다

　　　　　　제주도의 재미있는 민속 이야기를 들려드리려고 합니다. 혹시 '신구간'이라고 들어보셨나요? 제주도에만 있는 아주 독특한 민속입니다.

　신구간은 대한大寒 후 5일부터 입춘立春 전 3일까지 약 1주일간의 기간을 말합니다. 제주도 사람들은 딱 이 기간에만 이사를 하거나 집수리를 비롯한 집안 손질을 할 수 있다는 믿음이 있습니다.

　2019년을 예로 들면, 그해의 신구간은 1월 25일부터 2월 1일까지 8일간입니다. 이 글을 읽는 분들 중에도 설마 그런 민속이 아직도 제주에 있을까? 이렇게 생각하실까 봐 구체적으로 인터넷 광고 사례를 소개하겠습니다.

[제주시] 2019년 1월(신구간 포함)~2월 입주 가능, 제주시 연동 ㅇㅇ아파트 29평.

게시된 인터넷 카페 글만 봐도 아직까지 제주도민들에게 신구간이 얼마나 위력 있는 시기인가 이해가 될 것입니다. 심지어 ○○전자에서는 제주도 신구간 특별행사로 이 기간 제품 구매 고객에게 특별 사은품을 준다는 기사도 보입니다. 또한 신구간에는 중고물품 나눔 장터도 성황을 이룹니다.

도대체 신구간이 무엇이기에 제주의 모든 도민들이 이 기간에만 이사를 다닐까요? 재미있게도 이 기간에는 각 집안에 있는 모든 신들이 회의하기 위해 하늘로 올라가서 지상에는 신들이 없다고 합니다. 그러니까 신구간이라는 말을 풀어서 설명하면 '신들이 없는 기간(구간)'인 것입니다.

이러한 개념은 음양오행설과 관련된 『천기대요天機大要』라는 책의 '세관교승조歲官交承條'에 나옵니다. 신구간은 구년세관舊年歲官과 신년세관新年歲官들 간에 임무를 교대하는 기간이라고 합니다. 참고로 이 책이 1737년(영조13)에 지백원이라는 사람에 의해서 쓰였다고 전해지므로 18세기 이래로 지금까지 신구간의 풍속이 이어져오고 있다는 사실을 알 수 있습니다.

이 책에는 신구간을 대한大寒 후 5일부터 입춘 전 2일까지로 설명하고 있지만, 오늘날 제주도민들에게는 대한 후 5일부터 입춘 전 3일까지가 신구간으로 알려져 있습니다. 책에 언급된 것보다 제주도민들이 하루 더 단축한 것입니다. 혹시 신들이 하루 일찍 내려올지도 모른다고 생각해서 그런 것이 아닌가 싶습니다. 괜히 이럴 때 이사하다가 경황없이 내려온 신령님과 맞닥뜨리면 서로 민망하지 않겠습니까? 이런 생각조차도 무척 재미있습니다.

이러한 관념은 지상에 내려와서 인간사를 관장하던 신들이 한 해의 임무를 마치고 하늘의 옥황상제에게 올라간 사이에, 새로 내려올 신들은 아직 발령받지 않은 '신들의 부재 기간'이므로, 이 기간에는 불길하거나 길할 일이 없다는 사고로 연결됩니다. 그래서 이때는 '손 없는 날'을 넘어서 '손 없는 기간'으로 확장됩니다. 우리가 흔히 손 없는 날 이사 간다는 이야기를 많이 하지 않나요? 제주도에서는 손 없는 기간이 일주일이나 되고, 이 기간에 모든 도민들이 한꺼번에 움직입니다. 그래서 집값이나 이사 비용이 이 기간에 폭등합니다. 도시화된 요즘 상황에서 이사가 이 기간에 몰리면 전화, 인터넷, 컴퓨터 관련 기관이나 회사들도 업무가 마비될 정도로 바빠집니다.

이 기간에는 집이나 변소, 울타리 등을 고치거나 땅을 파고 나무를 잘라도 '동티'가 나지 않는다고 생각합니다. 동티는 동토라고도 부르는데, 물건이나 흙을 잘못 다루어 생기는 탈을 말합니다.

만약 신구간에 이사를 하지 못할 경우에는 살림살이 도구인 '체'나 '키'를 이 기간에 새로 살 집에 먼저 옮겨놓기도 합니다. 이외에도 솥, 요강, 화로도 옮깁니다. 중요한 살림살이들이기 때문에 이를 미리 옮겨놓으면 이사는 이미 다 끝난 것이나 다름없다고 여깁니다. 나머지 살림살이는 천천히 옮겨도 된다고 합니다.

제주도에서는 지금까지도 신구간의 풍속이 대체로 지켜지고 있는 편입니다. 신구간에 이사가 집중되다 보니 이삿짐 운송센터는 이 기간이 대목입니다. 새로 분양하는 아파트의 입주일조차도 대개 신구간에 맞춰집니다. 벌써 20년 전 자료이긴 합니다만, 1998년 1월 9일자 『제민일보』기사에 의하면 제주도에서 신구간 동안 2만여 가구의 대이동이 있었다고 합니다. 이 시기 이사 건수가 1년 제주 이사의 절반 이상을 차지한다고 하니, 도가 들썩거린다는 말도 일리가 있습니다. 이런 문화현상은 신구간을 미신으로 여기는 사람들에게도 영향을 미칩니다. 아무리 그 기간을 무시하고 집을 얻거나 이사하려고 해도, 상대방이 안 움직이는데 어떡합니까. 이를 믿든 안 믿든 제주에서 살아가려면 꼼짝없이 신구간이 중요할 수밖에 없습니다. 그러나 최근에는 제주로 많은 외지인들이 이주해 갔기 때문에 이러한 문화현상이 많이 줄어들기는 했을 것입니다.

한편, 제주도의 일부 학자들은 신구간을 과학적인 시간 설정이라고도 설명합니다. 이 시기 제주 기온이 영상 5도 정도이기 때문에 많은 병균이 아직 기를 쓰지 못할 뿐만 아니라, 농한기라서 이때 이동하는 것이 매우 합리적이고 과학적이라는 것입니다. 육지에서는 아직 추운 시기에 해당하기 때문에 이사하기는 어렵지만, 제주도는 가능하다는 것입니다.

이러한 신구간과 관련한 민속을 조금 더 깊이 있게 들여다보면, 우리가 사는 공간에는 신들이 늘 함께 있다는 사고 관념을 갖고 있다는 사실을 발견하게 됩니다. 신들이 잠시 자리를 비운 틈을 타서 탈이 날 수 있는 일들을 해버린다는 관념을 뒤집어보면, 우리는 늘 신들과 함께 산다는 것입니다. 또한 이사든, 집을 고치는 일이든, 물건을 새로 들이는 일이든 간에 새봄이 다가오는 무렵에 한 해 살이를 시작하는 마음으로 하게 되는 것입니다. 이런 민속에서 우리 조상들 나름의 삶의 지혜와 더불어 철학도 엿볼 수 있습니다. 제주의 문화는 알면 알수록 재미있고 생각해 볼 만한 것들이 많습니다. 제주에 놀러 가면 아름다운 경치와 함께 제주 문화도 공부해 보는 것이 어떨까 합니다.

도둑잡이 뱅이를 아십니까

'도둑잡이 뱅이'는 도둑을 잡기 위한 방법이라는 뜻입니다. 무라야마 지쥰村山智順(1891~1968)이라는 연구자가 1931년에 조선총독부에서 펴낸 자료집에서 처음 소개했습니다. 여기에는 '범인점犯人占'이라고 나옵니다. 범인을 잡기 위한 일종의 점치기 방법입니다.

충청과 호남지역에서는 이러한 행위를 '도둑잡이 뱅이'라고 부릅니다. '뱅이'란 재액災厄을 없애는 주술적 방식으로 '막다' 또는 '방법' 등으로 해석될 수 있습니다. 경상도에서는 이를 '양밥'이라고도 부릅니다. 즉 도둑잡이 뱅이는 도둑을 잡는 주술적인 방식으로, 누군가에 의해 잃어버린 물건을 되찾기 위한 방법입니다.

물건을 도둑맞으면 경찰서에 신고하면 되지 않을까요? 그러나 옛날 시골 마을에는 경찰서가 가까이 있지 않았습니다. 다만 신고할 만한 큰 도난 사건은 아니지만 범인을 찾고 싶은 마음이 있으면 해보는 것입니다. 제가 대학 시절에 시골 마을에 민속 조사를 가서 어른들께 여쭈면 웬만한 분들은 다 알고 계셨습니다. 그때 들은 이야기를 정리해서 알려드리겠습니다.

가장 일반적인 방법은 미꾸라지를 이용하는 것입니다. 집안에 잃어버린 물건을 찾고, 도둑을 잡고 싶으면 미꾸라지를 잡아 옵니다. 뜬금없이 웬 미꾸라지인가 궁금할 것 같습니다. 그 이유는 정확하게 모르겠습니다만, 이 미꾸라지를 바늘이나 예리한 송곳으로 찔러서 부엌 기둥에 꽂아놓습니다. 그러면서 "도둑놈아! 너도 이 미꾸라지 눈처럼 되어라."라고 주문을 외웁니다. 미꾸라지의 눈이 상하는 것처럼 도둑의 눈도 멀어진다고 합니다.

끔찍하게 들릴 수도 있습니다만, 시골 할머니들이 그렇게 하는 것을 상상해 보면 외람되지만 귀엽게 보이지 않을까요? 그런데 실제로 이렇게 했다는 사례는 거의 없답니다. 말씀만 이렇게 하십니다. 도둑이 제 발 저리게 할 생각으로 겁주는 것이라고 합니다.

그런데 특기할 사항은 자기 마을에서 잡은 미꾸라지는 효험이 없다고 합니다. 이웃 마을에서 가져온 것이어야 한답니다. 이러한 미꾸라지 뱅이는 아까 언급한 대로 대개 부엌에서 합니다. 특히 조왕(부엌신) 앞에서 해야 효험이 있다고 합니다.

왜 그 대상이 미꾸라지인지, 왜 부엌에서 해야 하는지는 분명하지 않습니다. 붕어를 잡아다가 하는 경우도 있습니다만, 미꾸라지가 그 대상인 것을 보면 왠지 미움의 대상이 미꾸라지가 아니었나 싶습니다. 아무튼 도둑과 미꾸라지의 신체를 동일시해서 저주를 가하는 행위가 핵심입니다.

다른 방법으로는 도둑으로 의심되는 사람의 머리카락이나 몸에 지녔던 물건을 주워서 허수아비에 넣고 저주를 합니다. 허수아비가 치르는 어려움처럼 도둑도 곤경에 처한다는 사고관념을 보여주는 것입니다. 이는 한번 접촉했던 사물은 시간과 공간을 달리해도, 그 양자의 관계성이 항상 유지된다는 접촉 주술의 원리에 기초한다고 할 수 있습니다. 그래서 담벽이나 흙 등에 남은 도둑의 흔적도 뱅이의 대상이 됩니다.

가령 도둑이 남긴 발자국에 고추, 왕겨 등을 놓고 태우면 도둑의 발에 병이 난다고 믿습니다. 도둑도 그 소식을 들으면 대단히 불안해 하겠죠? '도둑이 제 발 저린다.'라는 속담이 이러한 접촉 주술의 효과와 관련된 것으로 보입니다.

도둑잡이 뱅이의 하이라이트는 고양이를 괴롭히는 것으로 나타납니다. 구한말이나 일제강점기에 이런 뱅이를 했다는 사례가 드물게 기록되어 있습니다. 그 광경을 재구성해서 소개하겠습니다.

어느 집이 도둑맞았습니다. 도저히 범인이 누군지 모르겠습니다. 우선 마을에 방을 붙이거나 소문을 냅니다. 며칠날 도둑맞은 집에서 고양이 뱅이를 한다는 내용입니다. 그 뱅이를 하는 날, 마을에서 유력한 용의자 몇 명이 초대를 받습니다. 내가 훔치지도 않았는데 용의자가 된다면 무척 기분이 나쁠 것입니다. 그러나 그날 그 자리에 안 갈 수가 없습니다. 그 자리에 나타나지 않는 사람이 있다면, 그가 가장 유력한 용의자가 되는 셈이니까요.

아무튼 도둑잡이 뱅이를 하기로 결정한 날이 되면 용의자들이 모입니다. 피해자가 마당에 솥을 걸고 그 주위에 용의자들을 빙 둘러 앉힙니다. 그러고는 도둑고양이를 잡아다가 그 안에 넣고 불을 지핍니다. 고양이를 쪄 죽이는 행위를 하는 것입니다. 고양이는 당황스럽겠죠? 도둑고양이긴 하지만, 고양이도 억울합니다. 고양이가 훔친 것은 아니지 않습니까? 점점 솥 안에 갇힌 고양이의 몸과 마음이 열을 받습니다. 고양이가 무슨 죄인가요. 솥 안에 고양이도 문제이지만, 솥 주위에 둘러앉은 사람들의 표정도 심각해져갑니다. 이 중에 누군가 범인일 수 있습니다. 여러분이 이 광경을 상상해보시면 다소 우스꽝스러운 상황이 펼쳐지게 됩니다.

이때! 솥뚜껑을 확 엽니다. 그러면 고양이가 바로 튀어나오면서 범인의 얼굴을 할퀴어버린답니다. 고양이는 범인을 알고 있다는 믿음이 깔려 있습니다.

미신에 가깝다고 여겨지는 이 이야기는 20여 년 전만 해도 전국적으로 다 알려져 있었습니다. 다만 방식이 지역에 따라서 약간씩 달라집니다. 예를 들어서 어느 마을에서는 고양이를 시루 속에 넣어 찌면서 혐의자의 이름을 주문과 함께 외웁니다. 주문을 마치고 시루

뚜껑을 열면 그 안의 고양이가 반드시 범인의 집으로 달려가게 마련이며, 만약 달려가다가 화상으로 인하여 죽게 되면 범인도 함께 죽는다고 합니다. 이 기록은 앞서 소개한 무라야마 지쥰이 전라북도에서 조사한 것입니다.

또 다른 사례로는 시루에 고양이를 넣고 찌다가 모인 사람들에게 차례대로 시루를 열어보라고 시킵니다. 만일 뚜껑을 열지 못하는 사람이 있으면 그가 범인으로 간주되는 것입니다.

이러한 방식의 본질적 목적은 '도둑이 제 발 저리게 하는 것'입니다. 미꾸라지든 고양이로 뱅이를 하든 간에 그 행위가 일어나기 전에 대부분 자수하거나, 도둑이 몰래 제 자리에 물건을 가져다 놓는다는 것이 이 속신의 대부분의 결말입니다.

즉 도둑잡이 뱅이는 물건을 잃은 피해자가 "뱅이를 한다!"라고 소문을 내어 위협만 주고, 실제로 뱅이를 하는 일은 그다지 많지 않았다고 합니다. 뱅이를 한다는 소문에 두려워진 범인은 다른 사람 몰래 물건만이라도 주인에게 되돌려준다고 합니다. 잠깐의 유혹에 잘못을 저질렀지만 모질고 나쁜 성격도 아닌 것 같습니다.

뱅이를 해서 정말 도둑이 해를 입기라도 하면 그 마음도 편치 않을 것이고, 혹시 집안 식구 중에 물건을 훔친 사람이 있을지도 모르기 때문에 가급적 하지 않았습니다. 그래서 다음 이야기도 함께 전해집니다.

어떤 사람이 놋그릇을 잃어버려서 미꾸라지 뱅이를 했는데 갑자기 자기 자식의 눈이 멀었다고 합니다. 나중에 알고 보니 아이가 놋그릇을 가지고 광에 들어가서 놀다가 그냥 그릇을 두고 밖으로 나왔던 것인데 도둑맞은 것으로 오해한 것입니다.

또, 금 술잔을 잃어버려서 고양이 뱅이를 했더니 손자의 눈이 멀었다는 이야기도 있습니다. 손자가 금 술잔을 가지고 놀다가 우물 속에 빠뜨렸던 것입니다. 이처럼 자기 집 식구에게 탈이 날 수도 있기 때문에 의심 가는 사람이 있더라도 함부로 뱅이를 하지 못했다는 말을 자주 들었습니다. 그래서 뱅이는 함부로 하는 것이 아니며, 사람을 함부로 의심하지 말라는 교훈도 함께 전해집니다.

아무튼 뱅이를 하면 물건을 가져간 도둑에게 반드시 위해가 된다는 믿음은 보편적입니다. 바로 이런 믿음이 전통사회의 마을 안에서 도난 사고를 예방하는 역할을 했습니다. 설령 물건을 잃었다 하더라도, 물건은 되찾고 그 도둑이 다시는 남의 물건에 손을 대는 일이 없도록 유도하는 데 기여하기도 했습니다. 물론 이것이 가능한 것은 대체로 마을 사람들에게 기본적으로 순진하고 착한 마음이 있었기 때문입니다. 즉, 우리네 이웃들은 '양심의 가책'을 아는 사람들이었습니다.

도깨비,
찬란하고 쓸쓸하신 그분

　　이번에는 신령님이라고 하기에는 어색하고, 귀신인 듯하지만 귀신은 아닌 신에 대해서 이야기해보려고 합니다. 바로 도깨비입니다. 요즘 어린이들은 어떻게 배우는지 모르겠지만, 제가 어렸을 때에는 혹부리 영감과 도깨비 방망이 같은 동화를 많이 듣고 자랐습니다. 그래서 우리에게 도깨비는 오래전부터 매우 친숙하고 신비로운 존재로 알려져 있습니다.
　　최근 인터넷에 도깨비를 검색해보았더니 몇 년 전에 인기리에 방영되었던 드라마 '도깨비'가 제일 먼저 등장하더군요. 아마도 이 글을 읽는 분들 중에서도 도깨비를 떠올리면 그 잘생긴 배우가 연상되는 분이 있을지도 모르겠습니다.

　　도깨비가 우리 역사와 민속에서 어떤 존재였는지 이야기해보겠습니다. 도깨비는 비상한 힘과 괴상한 재주로 사람을 홀리기도 하고,

짓궂은 장난이나 험상궂은 짓을 많이 하지만, 인간에게 도움을 주기도 하는 이상하고 아리송한 신령이라고 할 수 있습니다. 그래서 도깨비는 마을의 수호신으로 모셔지기도 하지만, 역병疫病을 일으키는 신으로 간주되어 도리어 마을에서 쫓겨나기도 합니다. 한국의 여러 신령들 중에서 가장 익살스러운 캐릭터가 아닐까 싶습니다.

도깨비는 빗자루, 부지깽이, 키, 절굿공이 등과 같이 사람들이 일상에서 사용하다가 버린 손때 묻은 물건들이 변해서 된다고 합니다. 그러니까 도깨비는 여느 신령들과 달리 출신 배경도 남다릅니다. 도깨비는 주로 어둡고 습기가 많은 음산한 곳이라든가 외딴곳에서 주로 나타납니다. 여느 귀신들과 마찬가지로 늦은 밤이나 새벽에 활동합니다. 궂은비가 내리거나 안개가 자욱해서 좀 어두컴컴하다면 대낮에도 출현할 수 있습니다.

도깨비는 성격이 특이해서 장난기가 가득한 심술로 인간을 골탕 먹이는 것을 무척 좋아합니다. 그러다가 되려 인간들에게 당하기도 합니다. 씨름을 좋아해서 사람에게 밤새도록 씨름을 제안하기도 하고, 심지어 아름다운 여인으로 나타나서 남성을 홀리기도 합니다. 거꾸로 여성에게 추근거리기도 합니다. 노래와 춤을 좋아하기도 합니다. 신령님이라고 하지만 참 특이한 성격입니다.

더욱 재미있는 것은 멍청한 캐릭터이기도 합니다. 사람에게 돈을 꾸어서 갚고는 이를 잊어 버리고 계속 갚아주는, 그런 어리석은 모습으로도 나타납니다. 도깨비는 때로는 인간들보다 더 인간적이고 더

어리숙해서 우리에게 친근한 느낌을 주기도 합니다.

그런데 도깨비는 능력도 대단합니다. 하룻밤 사이에 연못을 메워서 평지를 만들어 버리기도 하고, 논에 돌을 산더미처럼 쌓아놓기도 합니다. 이런 신통력으로 인간에게 막대한 재물과 복을 가져다주기도 합니다. 그러고 보니 중동 지역의 알라딘에 나오는 지니가 연상됩니다. 그러나 지니보다는 우리의 도깨비가 훨씬 더 매력적입니다.

도깨비의 형상은 성현成俔(1439~1504)의 『용재총화慵齋叢話』에 묘사되어 있습니다. 허리에서부터 윗부분은 보이지 않고, 하반신만 보이기도 합니다. 키가 너무 커서 옷을 해 입을 수가 없고, 허리 아래는 백지를 둘러 치마를 삼아 입습니다. 도깨비의 발이 하나밖에 없다는 기록도 있습니다.

우리 민담에서도 다리가 하나인 도깨비와 씨름했다는 이야기가 많이 전해집니다. 옛날 한 젊은이가 장에 다녀오는 길에 도깨비를 만났답니다. 도깨비는 젊은이에게 씨름을 하자고 청했고, 그는 도깨비가 하도 보채는 바람에 피곤한 몸을 이끌고 씨름에 응해 줍니다. 그런데 청년이 계속 이깁니다. 심술이 난 도깨비가 계속 대들었지만 계속 집니다. 이거 왠지 신으로서 체통이 말이 아닙니다. 도깨비가 씨름에서 계속 지는 이유는 다리가 하나밖에 없어서 쉽게 넘어뜨릴 수 있기 때문입니다. 아무튼 다리도 하나밖에 없는 도깨비가 인간에게 시비를 걸고, 이길 수도 없는 씨름을 계속하자고 조르는 것도 재미있음을 넘어 귀여울 지경입니다.

도깨비 관련 민담이나 설화 등을 종합해 보면 그의 성격과 특징이 대략적으로 드러납니다.

첫째, 도깨비는 장난이 매우 심합니다. 심술도 많습니다. 그래서 못 이기는 씨름을 계속 걸어오기도 하고, 남의 잔칫집에 가서 솥뚜껑을 솥 안에 우그러뜨려 넣거나, 황소를 지붕 위에 올려놓기도 합니다. 이런 내용을 보면, 거의 놀부 심보에 가깝습니다.

둘째, 도깨비는 미련함과 건망증이 심하긴 하지만, 의리가 있고 윤리적으로 매우 훌륭한 청년입니다. 빌린 돈은 반드시 갚습니다. 다만 자기가 갚았는지 기억을 못 해서 문제입니다. 그러니까 또 갚고, 계속 갚습니다. 바보스러움과 순진함이 엿보입니다.

셋째, 도깨비는 노래와 춤을 즐기고 놀이를 좋아합니다. 흥을 아는 것입니다. 한국인들이 원래 흥이 있는 민족인데, 그런 심리와 성격들이 도깨비에 그대로 투영된 것처럼 보입니다.

이런 내용을 가만히 놓고 보면, 도깨비는 인간이 느끼는 희로애락喜怒哀樂을 그대로 표현할 줄 알고, 은혜를 갚고, 의리를 지키는 등 인간의 착한 심성을 그대로 닮은 것 같습니다.

이번에는 드라마 도깨비 이야기를 조금 해 볼까요?

검은 한복에 갓을 쓰고 지나치게 하얀 화장을 한 아저씨가 저승사자로 나옵니다. 검은색 슈트를 입은 잘생기고 키 큰 청년이 도깨비 역할을 합니다. 갓 쓰고 도포 입은 저승사자에서 검은색 슈트가 어울리는 저승사자로 대중의 이미지는 바뀌어버린 것입니다. 드라마 속에서도 도깨비는 초능력은 물론이고, 어리숙하고 순진한 인간미를 드러냅니다. 현실에서는 이루어질 수 없는 엄청난 초능력과 어리숙함과 순진함이 오직 한 여성에게로 향합니다. 이만한 로맨스가 또 어디 있을까요? 드라마는 우리 전통문화 속 도깨비의 성격을 표현했을 뿐입니다. 다만 작가의 상상력이 더해져 도깨비를 지고지순하고 로맨틱한 사랑의 마음을 품은 쓸쓸한 한 남자로 설정해서, 몇 겹의 세월을 돌고 돌아 한 여성에게만 그 사랑의 감정을 전합니다.

전통에만 갇혀 있던 도깨비는 이 드라마를 통해서 로맨틱함까지 얻었습니다. 드라마 작가의 상상력과 구성력도 매우 뛰어나지만, 한편으로는 우리의 전통적 신앙관이 얼마나 철학적인지 다시 생각해 보게 됩니다.

민속으로 읽는
단군신화

우리에게 가을 하면 떠오르는 이미지 중 하나는, 노랗게 무르익은 들판과 곡식을 수확하는 모습이 아닐까 생각합니다. 그래서 가을은 한 해 농사를 마무리하고, 남은 시간도 무탈하게 잘 지나가게 해달라고 신들에게 감사의 인사를 하는 시기이기도 합니다. 서양의 추수감사절Thanksgiving Day도 같은 의미라고 할 수 있습니다. 우리가 알고 있는 개천절도 이러한 의미에서 시작되었습니다.

우리 민족의 시조인 단군과 관련된 민속 이야기를 해 볼까 합니다.
개천절은 단군이 기원전 2333년에 태백산 신단수 아래로 내려와서 왕검성을 도읍으로 정하고, 조선 건국을 기리는 뜻으로 제정된 날입니다. 우리가 고조선이라고 부르는 것은 태조 이성계에 의해서 건국된 조선과 구별하기 위해서 나중에 '고古'를 붙인 것입니다.

10월 3일은 고조선이 건국된 날짜를 말한다고도 할 수 있지만, 단군이 태백산 신단수 아래로 내려와서 신시神市를 열고 홍익인간의 정신을 실현한 시점으로 이해할 수도 있습니다. 그러나 그 어디에도 10월 3일을 특정해서 고조선을 건국했다는 기록은 없습니다.

오늘날 우리가 알고 있는 개천절은 1909년에 나철 선생이 이끄는 대종교에서 경축일로 정하고 매년 기념행사를 개최한 것에서 유래합니다. 이를 이어받아서 상해임시정부에서도 개천절을 경축일로 삼았습니다. 광복 후 대한민국 정부에서도 개천절을 공식 국경일로 정했습니다. 개천절은 본래 음력으로 10월 3일이었는데, 1949년 국경일에 관한 법률에 의해서 양력으로 바뀌어 오늘로 이어지게 됩니다.

왜 하필 음력 10월 3일일까요? 우리는 오랜 옛날부터 음력 시월을 '상달'이라고 해서 가장 최고의 달이라고 여겼습니다. 10월은 한 해 농사를 마무리하는 추수를 하고, 햇곡으로 마을과 집안의 여러 신령들에게 감사의 의미로 제를 지내는 달입니다. 한편, 숫자 3은 길한 숫자입니다. 그래서 이날 산제山祭를 지내는 마을도 많습니다. 성주나 터주 등 집안 신령을 모시는 집안에서도 대체로 이날 고사를 지냅니다. 그래서 음력 10월 초사흗날은 아주 길한 날이라는 민속적 관념이 담겨 있는 날입니다.

『삼국유사』에 나오는 단군신화에도 민속적인 관념이 풍부하게 담겨 있습니다. 단군신화는 우리가 어렸을 때부터 들어서 잘 아는 내용입니다. 환인桓因의 서자인 환웅桓雄이 풍백風伯, 우사雨師, 운사雲師 등 3천여 무리를 이끌고 태백산 신단수로 내려와서 신시를 열고 홍익인간의 이념으로 나라를 세웁니다.

그러면 왜 삼천여 무리일까요? 혹시 '삼천' 하면 떠오르는 것이 있을까요? 백제의 '삼천 궁녀' 설화도 있고, '금수강산 삼천리'라는 표현도 있습니다.

삼천이라는 말은 불교에서 흔히 '매우 많음'이라는 의미로 쓰입니다. 『삼국유사』를 지은 일연은 불교의 승려입니다. 스님이 썼기 때문에 『삼국유사』에는 불교적인 색채가 많이 담겨 있습니다. 그래서 환웅이 조선을 세울 때 정확하게 삼천 명의 숫자를 세어서 데리고 온 것이 아니라, 매우 많은 사람들과 함께 왔다고 해석하는 것이 보다 더 이치에 맞습니다.

여러분들도 잘 알겠지만 『삼국유사』에는 인간이 되고 싶은 곰과 호랑이가 환웅을 찾아오는 대목이 나옵니다. 그때 환웅이 쑥과 마늘을 주며 너희들이 이것을 먹으면서 동굴 속에서 100일 동안 햇빛을 보지 않으면 사람이 될 것이라고 알려줍니다. 호랑이와 곰에게 왜 이런 엄청난 시련을 줄까요? 그 시대에 마늘과 쑥은 또 무엇이었을까요? 이에 대해서 여러 견해가 있습니다만, 당시의 마늘과 쑥은 약초 또는 약 성분을 포함한 식물이었던 것으로 추정됩니다. 환웅이 곰과 호랑이에게 일종의 약을 준 것이라고 볼 수 있습니다.

그러면 100일은 어떤 의미일까요? 숫자 100은 완전함을 뜻합니다. 그러면서 불완전한 숫자이기도 합니다. 그래서 아기가 태어나면 100일을 챙기는 것입니다. 그 시기가 지나야 비로소 한 인간으로서 완성됨을 의미합니다.

다시 단군신화로 돌아가볼까요. 호랑이는 결국 환웅의 제안을 견디지 못하고 동굴을 뛰쳐나갑니다. 곰은 사람으로 변해서 아리따운 여인이 됩니다.

이 신화는 꼼꼼히 읽어볼 필요가 있습니다. 그러면 호랑이는 며칠을 버티다가 포기했으며, 곰은 환웅이 말한 100일을 잘 견뎠을까요? 『삼국유사』를 아주 어렸을 때 읽었거나, 오래전에 읽은 분들은 기억이 잘 안 날 수도 있습니다.

『삼국유사』의 기록을 보면 3·7일, 즉 21일 만에 곰이 사람으로 변합니다. 우리는 이 기록을 대수롭게 그냥 지나치면 안 됩니다. 환웅은 신과 같은 존재이지 않습니까? 그런 분이 지금 날짜도 제대로 못 지킨 것이 되었습니다.

그러면 호랑이 입장에서 볼까요? 호랑이는 며칠을 못 참은 것이죠? 즉, 21일도 못 참고 도망간 것이 됩니다. 호랑이는 억울할 수 있습니다. 그럼 진작 21일만 참으라고 하시지. 100일 기한 중에 열흘 참는 것과 21일 중에 열흘 참는 것은 다르지 않겠습니까. 애초에 21일만 참으면 된다고 말해주었으면 호랑이도 더 참아볼 수 있지 않았을까요? 제가 호랑이면 정말 억울했겠습니다.

그러면 환웅이 호랑이를 속인 것일까요? 아니면 환웅조차도 이렇게 빨리 곰이 인간으로 될 줄 미처 몰랐을까요?

여기서 우리는 3·7일의 의미를 돌아볼 필요가 있습니다. 삼칠일은 아기를 낳으면 그 집 대문에 금줄을 치고 부정한 기운이나 그런 사람이 들어오지 못하게 했던 기간입니다. 단군신화에서는 그 21일을 상징적으로 보여준 것입니다. 이 기간은 아기가 보호받아야 하는 최소한의 시간입니다. 이 시대의 우리 조부모들은 알고 있는 상식이지만, 『삼국유사』를 쓴 일연 스님도 알고 있었던 것 같습니다. 『삼국유사』의 위대함은 지금 우리가 알고 있는 민속을 이미 오래전에 담담히 기록해서 남겨주었다는 것에도 있습니다.

그러면 우리 민속에서 삼칠일은 어떤 의미가 있는지 알아볼까요?

소중한 아기가 태어납니다. 친정어머니 또는 산파가 아기를 받아서 부드러운 천이나 솜으로 아기 몸을 닦아냅니다. 물로 아기를 씻기려면 최소 3일이 지나야 합니다. 3일째에 산모는 쑥물로 몸을 씻고, 따뜻한 물로 아기를 목욕시킵니다. 첫날은 아기의 머리부터 아래로 씻깁니다. 다음 날에는 거꾸로 발부터 머리 순으로 씻깁니다. 발육을 고르게 하기 위한 마음에서 그리한 것입니다. 아기를 씻기는 이의 정성스러운 손길을 상상해보시기 바랍니다.

삼신상은 미리 차려놓기도 하지만, 아기가 태어난 지 3일 후에 차리는 집도 있습니다. 또, 이날 이후에 삼신상을 걷어 버리기도 합니다.

이때부터 집안 식구들은 산실과 아기를 구경할 수 있습니다. 그 이전에는 할아버지도 어림없습니다. 오늘날의 관점에서 생각해 봐도 상식적입니다. 아이에게 어떤 병균이 오염될지 모르기 때문입니다.

첫 번째 7일이 지나면 외부에 아기를 공개하기 시작합니다. 이때 삼신상을 차려 올리는 집들이 많습니다. 아기에게 깃 없는 옷을 입히고, 동여맸던 팔 하나를 풀어놓습니다. 지역에 따라서는 할아버지가 처음으로 출생한 손자를 볼 수 있는 날입니다. 같은 집에서 사는 식구가 처음으로 아기를 대면하는 것입니다.

두 이레가 되면 아기에게 깃 있는 옷에 나머지 팔 하나를 풀어줍니다. 두 이레에는 첫 이레보다 의례가 적긴 합니다만, 정성이 지극한 집에서는 이날도 삼신상을 차려놓습니다.

세 이레는 이레 의식 중에서 가장 크게 치러집니다. 이날 마지막으로 삼신상을 차립니다. 아기에게 상·하의 옷을 모두 갖추어 입히고, 이날 금줄을 걷습니다. 드디어 마을 사람들에게까지 아기를 공개합니다. 멀고 가까운 친척들이나 이웃집에서는 이때 실이나 돈 등을 선물로 가지고 옵니다. 산모는 이때에 이르러서야 비로소 정상적인 일상생활로 환원합니다. 만약 친가에서 아기를 낳으면 외가(친정)에서는 누비포대기와 핫저고리 등을 선물로 보내옵니다. 떡도 보냅니다. 서울지역에서는 귀한 아기의 경우에 수수경단을 만들어서 집에 오는 손님이나 심지어 행인들에게까지 나누어줍니다.

아기의 삼칠일에는 정말 다양하고 섬세할 정도로 중요한 의례들이 담겨 있습니다. 이렇게 인간을 존중하는 사상과 문화의 깊이가 『삼국유사』에 전하고 있습니다. 단군신화의 진정한 위대함은 그 맨 첫머리에 나오는 대목에 있습니다.

환웅이 널리 인간을 이롭게 하기 위하여 이 세상에 내려왔다.

우리가 잘 아는 홍익인간 정신입니다. 이 세상 그 어느 나라, 어떤 신화에도 그 첫머리에 인간을 이롭게 하기 위해서 세상이 창조되었다고 나오지 않습니다. 그런데 우리에게는 그것이 있는 것입니다. 비록 음력 10월에서 양력 10월로 바뀌었지만 개천절이야말로 인본주의 정신이 살아 있는 날이라고 생각합니다. 우리는 개천절을 휴일로도 즐겁게 보내고 있지만, 휴일의 의미를 넘어서 인간 존중 사상의 의미도 한번쯤 생각해 보면 좋겠습니다.

강원도의 신이 된
단종 임금

우리 역사 속에 등장하는 여러 인물들 중에는 사후死後에 신령이 되신 분들이 더러 있습니다. 대표적으로 경기도 개성 일대의 무당들에게 최고의 신으로 추앙받는 최영崔瑩(1316~1388) 장군이 있습니다. 서해안의 조기잡이를 관장하는 신은 병자호란 당시 활약했던 임경업林慶業(1594~1646) 장군입니다. 서울에서는 남이南怡(1441~1468) 장군이 무당들에게 굿의 대상이 되고 있습니다. 최영, 임경업, 남이는 모두 장군 출신으로 억울하게 죽임을 당한 인물들이라는 공통점이 있습니다. 이 분들이 신이 되어 백성들과 더불어 오늘날까지 굿판의 신령으로 남아 있습니다.

그런데 강원도는 무관武官이 아닌 분이 신이 되었습니다. 누구일까요? 강원도로 유배되어 그곳에서 죽임을 당한 비운의 왕, 바로 단종 임금입니다.

단종端宗(재위 1452~1455) 임금은 1441년(세종23)에 문종의 장남으로 태어났습니다. 세종대왕에게는 맏손자가 됩니다. 1452년에 12세의 나이로 조선 제6대 임금으로 즉위했지만, 3년 만에 숙부인 수양대군에게 왕위를 내어주고 상왕이 되었다가, 강원도 영월 청령포에 유배됩니다.

세조의 입장에서는 조카 단종을 살려두었다가는 그를 계속 왕으로 앉히려는 세력들의 도전을 받을 수밖에 없었습니다. 결국 1455년에 단종은 영월에서 비극적인 최후를 맞이하게 됩니다. 돌아가셨을 때 나이가 고작 17세였습니다. 『조선왕조실록朝鮮王朝實錄』에는 단종이 자결했다고 기록되어 있지만, 전설에 의하면 금부도사가 왕명에 의해 사약을 가지고 영월로 갔다고 합니다. 금부도사가 단종에게 차마 사약을 못 올리고 주저하고 있자, 그 옆에 있던 사람이 어린 단종을 활시위로 목을 졸라서 죽였다는 전설도 전해집니다. 이 이야기는 지금 들어도 안타까운데 그때에는 이런 소문과 전설이 얼마나 많은 사람들의 마음을 아프게 했을까요. 비록 어린 나이였지만, 그래도 한 나라의 임금이었습니다.

그 이후부터 단종은 태백산의 산신령으로 강원도 지역민들에게 신격화되기 시작합니다. 단종이 강원도 지역민에게 선행을 베풀어서 신격화된 것이 아닙니다. 단지 그 지역에서 최후를 맞이한 왕으로서 지역민들의 감정에 의해서 신령으로 추대된 것입니다. 오늘날까지도 서울에서 강원도 영월로 가는 길, 단종의 유배길에는 그에 대한 설화가 남아 있습니다.

태백시 혈동 천평으로 넘어가는 고개에는 지금도 단종비각이 있습니다. 이곳을 어평재라고도 부릅니다. 이 마을에 전설이 있습니다. 이곳 부사의 꿈에 단종이 나타나서는,

"나는 태백산 산신령이 되어서 가니까 그리 알라."

이렇게 말하고 사라집니다. 그 후부터 지금까지 이곳에서 단종을 위한 제사를 지내고 있습니다.

이처럼 강원도 태백을 비롯해서 정선, 삼척, 영월 등 태백산 인근에서는 단종이 신으로 추앙됩니다. 당시 정치권력의 싸움에서는 세조가 이겼을지 모르지만, 강원도민에게만큼은 자기 지역으로 쫓겨온 단종 임금이 그들의 마음속에 영원한 임금님으로 자리잡게 된 것입니다. 백성들의 마음속에는 누가 진정한 역사의 승자가 된 것일까요. 저는 단종이 아닐까 싶습니다. 그러나 많이 억울했는지 단종 임금은 계속 이 지역에서 혼령으로 나타납니다.

단종이 죽고 50년이 지난 중종 2년(1507)부터 영월에 군수가 부임하면 그 다음 날에 죽은 채 발견됩니다. 이렇게 몇 명의 군수가 의문의 죽음을 당하다 보니, 영월은 당시 관리들에게 흉지凶地로 알려졌습니다. 그 어떤 관리도 그곳에 부임하기를 꺼려했습니다. 이 지역 전설에 의하면 군수가 영월에 부임하면 단종 임금이 나타나서 다들 놀라 죽었다는 것입니다.

그때 박충원朴忠元(1507~1581)이라는 사람이 있었는데, 그를 어떻게 하면 죽일까 고민하던 반대파 관료들이 그를 영월군수로 보냅니다. 영월군수로 부임만 하면 죽으니까 미운 박충원을 그리로 보내면 단종의 영혼이 알아서 죽일 것이라 생각했던 것입니다.

영월군수로 당도한 박충원은 관가 내외 사방에 불을 밝혀놓은 채 관복을 입고 대기합니다. 본인도 무서웠을 것입니다. 그랬더니 아니나 다를까 비몽사몽간에 단종 임금의 행차가 들어오는 것입니다. 다른 사람 같으면 기절해서 죽었을 텐데 박충원은 기꺼이 단종 임금을 맞이합니다. 그랬더니 단종 임금이 그에게 말하기를,

"대개 위인들이 기절하여 죽었는데 너는 그렇지 않으니, 내가 있는 곳을 청소하고 수리해달라."

라고 부탁합니다. 박충원이 다음 날 아침에 곧바로 관리들에게 단종의 묘소를 점검하라는 명을 내리고 정성껏 제사를 지냈습니다. 그랬더니 그 후로 영월군수가 죽임을 당하지 않았다고 합니다. 여기까지는 믿거나 말거나 할 수 있는 전설입니다.

그런데 『중종실록』(1541)에도 이런 기록이 전합니다.

> 영월군수가 7개월 안에 3인이 잇달아 죽어서 관청의 사무가 형편없이 되었습니다. 그리고 흉년을 만나 더욱 심하게 되었으니 이곳의 군수를 택차했을 때에는 재간과 능력이 있는 사람이 아니면 회복할 길이 없습니다.

그리고 『선조수정실록』 14년 2월 1일자 기사에도 영월부사 박충원에 대한 기록이 나옵니다. 박충원이 조정의 미움을 받아 영월군수로 쫓겨났는데, 마침 영월에 요사스런 일이 발생하여 여러 명의 관리가 갑자기 죽는 일이 있었다고 합니다. 사람들은 이게 다 노산군(단종 임금) 때문에 그렇다는 소문을 믿었습니다. 그런데 박충원이 제문을 지어 올리고 묘소에 제사를 지내니까 그 이후부터 탈이 없어졌다라는 기록이 그것입니다. 설화와 실제 역사 기록이 딱 맞아떨어지는 대목입니다.

이러한 기록으로만 봐도, 당시 단종 임금이 얼마나 억울하게 죽었는지, 그리고 그때 지역 사람들이 단종 임금의 죽음을 얼마나 안타깝게 여겼는지 짐작할 수 있습니다.

단종은 그로부터 200년이 지난 숙종 때 왕으로 다시 복권됩니다. 『숙종실록』(1698)에 이런 기록이 나옵니다.

> 노산군이 선위했을 때의 일은 대체로 시골 마을의 아낙네와 어린이들도 지금까지 슬퍼하고 있으니, 이는 천리와 인심이 스스로 그렇게 하지 않아도 되는 것입니다.

단종은 세종대왕의 직계 손자이긴 했지만 그 삶은 대단히 비극적이었습니다. 고작 12살에 왕이 되었다가 17세의 나이로 삶을 마감하게 됩니다. 오늘날로 보면 중·고등학생 정도 나이에 불과합니다.

지금도 영월 청령포에 가면 단종이 그곳에 살면서 올랐다는 동산, 연을 날린 곳 등에 대한 이야기들이 남아 있습니다. 어린 단종이 연을 날리면서 무슨 생각을 했을까요? 아마도 그리운 사람, 보고픈 사람을 떠올렸을 듯합니다.

『금오신화』에 담긴 이야기

　매월당 김시습金時習(1435~1493)이 쓴 『금오신화金鰲新話』는 국어 시간이나 역사 시간에 한 번은 들어봤을 책입니다. 왜냐하면 이 책이 우리나라 최초의 한문소설로 알려져 있기 때문입니다. 책 제목은 유명하지만 이 책을 처음부터 끝까지 읽어본 사람은 정작 많지 않습니다. 저도 교과서에 이런 책이 있다고만 알고 있지 그 내용을 제대로 배워본 기억은 없습니다.

　『금오신화』라는 제목도 신들의 이야기를 다룬 신화神話라고 오해하시는 분들이 간혹 있습니다. 그러나 신화神話가 아니고 새로울 신新의 신화新話입니다. 금오는 경상북도 경주에 있는 산 이름입니다. 그러니까 책 제목만 놓고 보면 '경주 금오산의 새로운 이야기'라는 뜻이 됩니다. 김시습이 30대 나이에 경주 금오산에 칩거한 적이 있었습니다. 그때 이 책을 지은 것으로 보입니다.

　김시습은 생육신 중 한 명으로 잘 알려져 있습니다. 폐위당한 단종 임금의 복위를 도모하다가 발각되어서 수양대군에 의해 죽임을 당했던 6명의 신하를 사육신이라 합니다. 세조가 조카 단종의 왕위를 찬탈한 것을 반대하던 사람 중에는 김시습이 포함되어 있었습니다. 그래서 김시습은 사육신이 아니라 생육신으로 분류됩니다.

김시습이 어렸을 때에는 신동으로 불렸습니다. 그가 다섯 살 때 정승 허조許稠(1369~1439)가 집에 찾아와 "내가 늙었으니 '노老' 자로 시를 지으라"고 하기에, 곧 "늙은 나무에 꽃이 피었으니 마음은 늙지 않았네[老木開花心不老]"라고 지었답니다. 다섯 살짜리의 시입니다. 허 정승이 무릎을 치면서, "이 아이는 신동이다."라며 감탄했다는 이야기도 전합니다.

장안의 신동으로 화제가 되자 당시 임금인 세종대왕에게 불려갔습니다. 세종이 아이를 시험해보기 위해서 선물로 비단 30필을 주었답니다. 5살짜리 꼬마 아이가 그 무거운 것을 어떻게 들고 갈 수 있었을까요? 김시습이 그 비단을 받아들더니 비단 끝을 허리춤에 둘러매고 질질 끌고 나갔다는 일화가 전합니다. 그때 김시습 별명이 '오세'였습니다. 5살 때 이미 웬만한 문장을 끝낸 천재라고 해서 붙은 별명입니다. 그러나 수양대군이 조카 단종을 내쫓고 스스로 왕이 되는 모습을 보고는 정치에 환멸을 느낀 나머지, 관직을 포기하고 세상을 유유자적하며 살아갑니다.

그가 지은 『금오신화』에는 「만복사저포기萬福寺樗蒲記」, 「이생규장전李生窺牆傳」, 「취유부벽정기醉遊浮碧亭記」, 「남염부주지南炎浮洲志」, 「용

궁부연록龍宮赴宴錄』 등 5편의 짧은 소설이 옴니버스 형식으로 구성되어 있습니다. 이중에서 귀신과의 사랑 이야기가 3편이나 됩니다. 2편은 저승과 용궁에 다녀온 이야기들이 주요 테마입니다. 오늘날로 말하면 일종의 판타지 소설입니다.

이 소설들은 조선 초기에 쓰인 고전이지만, 최근에 드라마나 영화로 제작된 귀신과 인간의 사랑 이야기들의 원조격이라고도 할 수 있을 듯합니다.

『금오신화』가 오늘날까지 전해지는 내력도 좀 특이합니다. 김시습이 30대 무렵에 경주 금오산에서 7년 정도 머물면서 이 작품을 썼고, 이 책은 조선 초기 당대인들에게 널리 읽힌 것 같습니다. 그러다가 조선 중기 이후에는 희귀본이 됩니다. 이유는 모르겠지만 유통이 되지 않았던 것 같습니다.

그러다가 뜬금없이 1660년대에 일본에서 여러 차례 목판본으로 간행되었습니다. 또 세월이 흘러 1884년에도 일본 동경에서 재간행됩니다. 이를 최남선이 1927년 잡지 『계명』에 수록하면서 국내에 다시 전해집니다.

『금오신화』가 흥미진진한 스토리텔링을 갖고 있거나, 『삼국지연의』처럼 장편소설도 아닙니다. 그래서 책 제목은 알아도 굳이 찾아서 읽어보기에는 주저주저할 책입니다. 그런데 이 책에는 우리의 저승관을 비롯해서 삶과 죽음에 대한 사고방식이 담겨 있습니다.

『금오신화』를 통해서 김시습이 말하고 싶었던 것은 무엇일까요? 우선 김시습이 살았던 시대를 참고해봐야 합니다. 그 시대는 바로 세조가 집권하던 때였습니다. 「남염부주지」에 이런 구절이 등장합니다.

> 나라를 다스리는 이가 폭력으로 백성을 위협해서는 안 될 것이오. 덕이 있는 사람은 힘으로 왕위에 올라서는 안 되오. 대체로 나라라는 것은 백성의 나라요, 명命이라는 것은 하늘의 명이오.

소설에서는 고려 태조 왕건을 비판하는 것처럼 나오지만, 실상은 쿠데타로 정권을 잡은 세조를 비꼬는 내용입니다. 김시습이 이 책을 펴낸 무렵이 세조가 승하할 무렵이었을 것으로 추정되는데, 만약 세조가 생전에 이 책을 봤다면 김시습을 가만히 놔두지 않았을 수도 있겠다는 생각이 듭니다.

이 소설은 단순히 귀신 이야기나 판타지 소설로만 이해할 수는 없습니다. 귀신이 된 여인과 이승의 남성 간의 사랑 이야기로만 끝나는 듯 보이지만, 그 안에는 우리의 영혼관이 바탕이 되고 있습니다. 김시습이 불교의 승려로 살기도 했지만, 그가 본래 유학자였음을 감안하면 무척 아이러니한 구성이 아닐 수 없습니다. 민간에서는 귀신의 존재를 믿었지만, 성리학에서는 그 반대로 설명합니다. 살아서는 인간이지만 죽으면 귀신이 되는데, 이 귀신은 음양의 조화로 인해서 그 기가 흩어져 버리고 무無로 돌아간다는 것이 성리학에서 말하는 귀신론의 대강입니다.

그러나 민간에서는 원한을 품고 죽은 귀신이 요귀가 된다고 믿었습니다. 그뿐만 아니라 사람이 죽으면 기가 흩어지는 것이 아니라, 저승이라는 이승과 다른 공간에서 살아간다고 생각했습니다. 이런 사고관으로 인하여 무당이 존재하는 것이기도 합니다.

김시습은 이러한 생각들을 모두 아울러서 귀신과 인간의 사랑을 엮은 것입니다. 그렇지만 결론은 귀신과 인간이 영원히 함께 살 수 없다는 것입니다. 성리학적 논리에 따르면 결국 그 귀신도 소멸할 수밖에 없는 운명인 것이고, 죽음도 갈라놓지 못한 귀신과 인간의 사랑도 결국은 시간의 한계 속에서 이별로 끝납니다. 이러한 귀신론은 『금오신화』 중의 「남염부주지」에서 주인공 박생이 염라대왕과 대화하는 과정에서 나옵니다.

『금오신화』에 나오는 남자 주인공들은 대개 유학자들인데, 별 볼일 없고 나약한 남성들입니다. 여성들은 당찬 모습으로 등장하지만, 원한을 품고 죽임을 당한 귀신이 됩니다. 이러한 설정 자체가 인간이 삶과 죽음을 겪으면서 이별할 수밖에 없는 근본적인 슬픔을 통찰하고 있습니다.

당시 조선 사회가 성리학 중심의 이데올로기가 구축되는 분위기였지만, 성리학에서 말하는 형이상학적인 논리들은 사람들의 애달픈 삶과 사랑을 이해해주지 못했던 것입니다. 김시습은 인간의 삶 속에서 죽음도 갈라놓지 못하는 사랑 이야기를 하고 싶은데, 사람이 죽으면 기가 흩어지고 혼백이 나누어진다는 등의 이야기들은 아무래도 사람의 마음을 움직이지 못한다고 생각했던 것 같습니다.

우리는 김시습의 『금오신화』가 최초의 한문소설로 국문학적 가치가 있다고 배웠지만, 저는 이에 더해서 그 안의 내용은 한국인들의 삶과 죽음, 그리고 애절한 사랑을 이야기하는 중요한 메시지가 있다고 말하고 싶습니다.

그런데 이러한 귀신 이야기가 도무지 무섭지 않은 것은 무엇일까요? 우리가 살고 있는 이 시대는 귀신보다 인간이 더 무서워서가 아닐까 싶습니다. 착함과 인간다움이 점점 사라져가는 요즘에 『금오신화』 속 처녀귀신보다 진실되지 못한 사랑을 하고 있는 우리가 더 한심한 것은 아닐까 반성도 해봅니다.

2부

역사

세종대왕의 생신잔치

『조선왕조실록』에는 국왕의 생일잔치가 어떻게 기록되어 있을까요?

왕의 탄신일 하면, 웅장한 궁중음악과 함께 무희들이 진찬進饌에 나가서 무용을 하고, 문무백관文武百官들이 모두 한데 모여서 주상전하께 절을 올리는 그런 장면이 떠오릅니다. 왕의 탄신일은 천추영절千秋令節이라고도 부릅니다.

그러나 왕의 생일잔치를 드러내놓고 마음껏 크게 지내지는 못한 것 같습니다. 대체로 조선의 역대 왕들은 본인은 물론이고 중전, 세자나 대비 등의 생일에 조심하려고 노력했습니다. 물론 기본적으로 문무백관의 하례를 받거나 전국 각지에서 진상을 받았습니다. 가벼운 형량의 죄수는 석방해주기도 했습니다. 요즘 말로 하면 광복절 특사와 비슷합니다. 하지만 이것도 상황에 따라서 상당히 가변적이었던 것 같습니다.

비록 국왕의 탄신일이라 하더라도, 임금은 본인 스스로가 근신하는 날로 여겼습니다. 임금이 스스로 자신의 생일을 '구로劬勞한 날'이라고 지칭합니다. 구로는 '수고스러운 일'이라는 의미로, 어버이가 자기를 낳아주기 위해서 애쓴 날이라는 뜻입니다. 그래서 이날은 태어나서 행복한 'happy birthday'라기보다는 부모의 은혜에 좀 더 감사하고, 죄송스러워 하는 마음을 가지는 날로 여겼습니다.

대부분의 조선 왕들은 자신의 탄신일을 가급적 축소하거나 피하려는 노력을 보였는데 반해서, 연산군은 아주 독특했습니다. 연산군 1년인 1495년 11월 11일 기록을 보겠습니다. 왕이 경연經筵에 나갔습니다. 경연은 군주와 신하들이 유교와 역사를 강론하고 토론하는 자리입니다. 사실 연산군은 경연을 대단히 싫어했습니다. 경연에 나갔더니 이자李耔(1480~1533)라는 신하가 말하기를,

"주상전하의 생신잔치 절차를 소략해서 하긴 한다지만, 상중喪中에 계시니 하례를 받는 것은 예절에 합당하지 않습니다. 그러니 탄일誕日에 하례를 정지함이 가하겠습니다."

라고 고합니다. 그랬더니 연산군이 대답하지 않았습니다. 부왕의 상喪은 안중에도 없고, 이제 왕이 되었으니 문무백관들에게 마음껏 탄

신 축하나 받고 싶었던 모양입니다.

연산군 말기에 가면 더 심각해집니다. 1506년 6월 22일의 기록입니다. 연산군 재위 12년 때입니다.『조선왕조실록』에는 연산군의 탄일에 주악奏樂할 운평運平이 2천 명의 수에 차지 못할 것 같아, 채하각의 운평 및 신병으로 뽑히지 못한 자까지 아울러 참여하게 하고, 그래도 못 채울 것 같으니까 각 도의 운평 각 1,500명을 독촉해서 오도록 했다는 기록이 있습니다. 운평은 연산군 때에 여러 고을에서 모아둔 가무歌舞 기생을 말합니다. 이들 중에 용모와 기능이 뛰어나서 대궐에 뽑혀 들어온 기생을 이른바 '흥청'이라고 합니다. 흥청 때문에 연산군이 망했다고 해서 '흥청망청'이라는 말이 생겼습니다. 이처럼 연산군의 생일잔치는 악명이 높았습니다. 연산군은 조선의 역대 왕 중에서도 워낙 기이한 인물이라, 이를 일반적인 조선시대 왕의 모습이라고 볼 수는 없습니다.

세종은 정반대의 행보를 보였습니다. 세종이 국왕으로 즉위한 지 1년 만인 1419년 4월 1일 기록입니다. 이때는 부왕인 태종이 아들인 세종에게 왕위를 내어주고, 자신은 상왕上王으로 있을 때입니다. 마침 임금의 생신이 열흘 앞으로 다가오자, 상왕인 태종이 신하들을 불러서,

"주상이 자신의 풍정豊呈을 어떻게 하기로 했느냐?"
라고 물어봅니다. 풍정은 탄신을 축하하기 위해서 신하들이 왕에게

음식을 바치는 것을 말합니다. 태종이 신하들을 불러 직접 물어보았다는 기록을 보니 심히 궁금했던 모양입니다. 아들인 세종이 자신의 생일을 제대로 챙기지 않을 것을 미리 알았던 것 같습니다.

그러자 원숙元肅(?~1425)이라는 신하가 아뢰기를,

"의정부와 육조에서 잔치하기를 정하였는데, 주상께서 흉년을 빙자하시고 허락하시지 않습니다."

라고 했습니다. 그러자 태종이 답답했나봅니다.

"그럼 내가 직접 풍정을 행하겠다."

이렇게 태종이 직접 아들이자 임금의 생일을 챙겨줍니다.

세종은 국왕의 신분인데도 백성들을 먼저 생각했던 마음이 드러납니다. 정작 자신은 탄일을 맞아 백관의 하례를 정지하고, 직접 부왕에게 술을 올리러 수강궁으로 찾아갑니다. 그랬더니 태종은 비도 오고 몸도 불편하다며 만나주지 않습니다. 오히려 신하와 내시들을 시켜서 왕에게 음식을 보내주고 종친, 대신들과 잔치를 하라고 시킵니다.

이처럼 세종은 자신의 탄일을 잘 챙기지 않았습니다. 세종 3년(1421)에도 임금이 자신의 탄일 축하를 하지 못하게 하였다는 기록이 있습니다. 물론 신하들은 잔치를 크게 벌이긴 했습니다. 이때도 태종은 가만있지 않았습니다.

그 이듬해인 세종 4년(1422) 10월 25일 기록을 보면 왕이 교지를 내립니다.

정초와 동지, 왕의 생신에 진상하는 예물은 전해오는 전례라고는 하지만, 이제 흉년을 당하여 예물을 마련함으로 말미암아 폐가 백성들에게 미치게 될 것이니 이를 폐지하라.

이 기록을 보고 저는 궁금했습니다. 국왕으로 즉위한 이후부터 지금까지 생신잔치를 해왔는데, 왜 굳이 이 시점에 교지를 내려서 더 이상 진상품을 받지 말라고 하였을까요? 그러면 성격 괄괄한 상왕 태종이 또 가만히 두었을까요? 그래서 기록을 좀 더 찾아봤더니, 이 교지를 내리기 5개월 전에 태종이 이미 승하했습니다. 즉, 세종은 자신의 부친이 돌아가시자마자 아예 자신의 생일은 더 이상 챙기지 말라고 교지를 내린 것입니다. 왕위에 있어도 자신의 생일잔치가 무척 부담스러웠던 모양입니다. 가난한 백성들의 고혈을 짜내서 자신의 생일잔치를 챙기는 것이 못내 미안했던 것 같습니다.

이에 더해서 1434년(세종16) 5월 8일에는 임금이 예조에 지시한 것이 기록되어 있습니다. 이때가 왕의 탄일이 지난 지 한 달 후쯤 됩니다. 무언가 또 마음이 불편했나봅니다.

임금과 신하 사이에는 예법이 있어 법로를 넘을 수 없는 것이니, 고금의 큰 법전이다. 하지만 우리나라의 종친, 외척, 정부의 관료들이 과인의 생일을 맞아 널리 연회를 베풀고 오래 살기를 기도하는 것은 비록 신하가 임금에게 향하는 지극한 정이라 할지라도

> 예법에 비추어보면 그 옳은 줄을 보지 못하겠고, 그 폐단은 온 백성과 중들이 늘 보고 듣게 되어 때 없이 수륙재와 설법을 하되, 설핏하면 선왕의 명복을 빈다. 이 폐단을 고치게 하라!

백성 사랑에 있어서만큼은 정말 조선의 그 어느 역대 임금, 전 세계 어느 군주 중에서도 이런 군왕을 찾기 어려울 것 같습니다. 세종임금은 재위 기간 중에 자신의 생일에 하례를 받았다는 기록이 몇 번 없고, 대부분 무슨 핑계를 대서라도 거절합니다. 심지어 세종 9년 8월에는 흉년을 구제할 계책을 세우다가, 이듬해 설부터 자신의 생일인 4월까지 각 도에서는 방물을 바치지 말게 하고, 성을 쌓는 역사를 정지하라는 명을 내리기도 합니다.

여기에 더해서 채붕彩棚 설치도 금한 기록이 있습니다. 채붕은 나무로 무대를 가설하고 온갖 비단으로 장식하는 일종의 야외 가설무대입니다. 채붕은 신라시대까지 그 기록이 거슬러 올라갑니다. 고려시대에도 채붕을 가설하고 공연을 하는 경우가 많았는데, 그 비용이 수만 냥에 달했다는 기록이 있습니다. 조선시대에는 주로 중국 사신이 오거나 국왕이 행차할 때 설치했습니다. 아마도 재정이 많이 소모되었을 것입니다. 세종의 눈병이 심했을 때의 일입니다. 온양온천에서 요양을 하고, 마침 생일 무렵에 궁궐로 돌아오게 되었습니다. 신하들이 채붕을 베풀어서 왕의 가마를 맞이하겠다고 하자 임금이 뭐라고 답했을까요?

채붕을 설치한다는 것은 결단코 따르지 않겠다.

두 차례나 채붕 설치 요구를 거부합니다. 자신의 행차에 백성들을 괴롭히고 큰 돈 쓰지 말라는 것이었습니다. 당시 백성들에게 임금님은 스승이나 어버이처럼 느껴지지 않았을까 생각해봅니다.

지금까지 세종대왕의 탄신일에 대해서 설명했습니다만, 정작 며칠인지는 밝히지 않았습니다. 며칠일까요? 음력 4월 10일생입니다. 이를 양력으로 환산하면 5월 15일입니다. 1965년에 스승의 날을 제정할 때 세종대왕의 탄신일을 고려하여 정했다고 합니다. 그가 백성을 사랑하고 배려하는 마음이 나라에 본이 되며, 그가 자신을 낮추며 행한 리더십으로 보아 모두의 스승이 되기에 충분하다는 의미가 아닐까 싶습니다.

『월인천강지곡』의 비밀:
달빛이 온 세상의 강을 비추다

　『월인천강지곡月印千江之曲』에 대해서 들어보신 적이 있으신가요? 세종대왕이 훈민정음을 창제하고 난 직후에 금속활자로 찍어낸 한글로 된 찬불가讚佛歌입니다. 원래 상·중·하 세 권으로 구성되었지만, 현재는 상권과 중권 일부만 전합니다. 현재 국보 제320호로 지정되어 한국학중앙연구원에 소장되어 있습니다.
　제가 국립고궁박물관에서 국보와 보물의 정기조사를 담당하던 시절에 그 원본을 한 번 본 적이 있습니다. 원본이 뿜어내는 그 가치는 말할 수 없을 정도의 감동을 줍니다.
　세종은 1447년에 수양대군으로 하여금 『석보상절釋譜詳節』을 지어 올려 모후母后인 소헌왕후昭憲王后의 명복을 빌도록 했습니다. 이를 토대로 세종이 석가의 공덕을 찬송하여 지은 노래가 『월인천강지곡』입니다. 훗날 수양대군이 왕이 된 후에 『석보상절』과 『월인천강지곡』을 합쳐서 『월인석보月印釋譜』를 간행하게 됩니다.

『월인천강지곡』은 『용비어천가龍飛御天歌』와 더불어 훈민정음으로 표기된 가장 오래된 가사歌詞이기도 합니다. 그 내용의 대강을 소개하면, 석가모니의 전생에서부터 도솔천에서 하강하여 왕자로 태어나 인간 고뇌에 대한 번민으로 출가해서 불도를 깨우치고 열반하는, 전 생애를 서사화해서 시로 표현한 것입니다. 그런데 이 제목이 심상치 않습니다. 달이 중요한 주제어입니다.

제목 자체에 부처님의 자비가 달빛처럼 모든 중생을 비춘다는 의미를 가지고 있습니다. 조금 더 구체적으로 설명하면, '부처가 100억 세계에 현신하여 교화를 베푸는 것이 마치 달이 세상의 모든 강에 비치는 것과 같다.'는 것입니다.

불교 용어이긴 하지만, 이렇게 세련된 문학적 표현의 제목을 세종대왕이 직접 지었습니다. 천 개의 강에 모두 달이 띄워져 있지만, 그 달은 하늘에 있는 단 하나의 달이기 때문에 그 머나먼 곳에서도 하나의 달을 서로 볼 수 있는 것입니다.

그래서 제가 이 국보를 처음 접했을 때, 이 제목은 '부처님의 대자대비한 마음이 모든 중생을 비춘다.'는 종교적인 의미를 뛰어넘을 수도 있을 것이라는 추측을 해보았습니다.

세종대왕에게도 낭만적 감성이 있었던 듯싶습니다. 달은 은유적인 표현으로 그리움의 이미지가 투영되어 있기 때문입니다. 예를 들어서, 달은 고향을 떠나 향수에 젖은 사람에게 그리운 가족과 사랑하는 연인을 떠올리게 하는 이미지를 가지고 있습니다.

아니나 다를까 방송과 언론에서 이러한 내용을 다룬 프로그램과 기사가 나온 바 있습니다. 그 내용을 다시 정리해서 여러분들께 소개합니다. 『월인천강지곡』에는 세종이 왕비였던 소헌왕후 심씨에 대한 애틋한 사랑의 감정을 숨겨 놓았다는 주장이 그 핵심입니다.

세종대왕이 태종의 셋째 아들이었음에도 불구하고 왕위에 오르게 되자, 소헌왕후의 친정인 청송 심씨 집안은 뜻밖의 외척이 되었습니다. 그 세력이 커질 것을 우려한 태종은 반역을 모의했다는 구실로 왕후의 친정아버지인 청천부원군 심온沈溫(1375~1418)을 자결하게 합니다. 청송 심씨 집안은 거의 멸문의 수준까지 몰리게 됩니다. 왕비의 어머니는 관노가 됩니다. 이때 소헌왕후는 26세 무렵의 젊은 나이였습니다. 한창 때 시아버지로 인하여 친정이 몰락해버린 것입니다. 그럼에도 불구하고 세종을 잘 보필하여 8남 2녀를 낳고, 어진 왕후로 모진 세월을 잘 견디고 살았습니다.

세종의 입장에서는 그런 왕후가 얼마나 고마웠겠습니까. 소헌왕후가 먼저 승하하자, 세종은 창덕궁 근처에 그녀의 명복을 비는 불당佛堂을 세우려고 합니다. 신하들이 강하게 반대했습니다. 유교 국가 조선에서는 있을 수 없는 일이라는 것입니다. 그런데 『세종실록』을 비롯한 당시 기록을 보면 세종도 신하들에게 강하게 반발하고 이를

관철시켜 나갑니다. 심지어 본인이 직접,

"난 어진 임금이 아니다. 그러니 불당 하나쯤 세울 수 있는 것이 아니냐?"

라고 신하들에게 따졌을 정도입니다. 임금이 평소 자상하고 소통을 잘하였지만, 신하들의 반대도 상당히 격렬했던 것 같습니다. 백성들과 신하들의 말에 늘 경청하던 세종이 이 사건만큼은,

"정승 천 명이 와봐라. 그래도 내 뜻은 변하지 않는다."
"이 문제는 내가 독단으로 처리하겠다."

하며 밀어붙입니다. 평소 세종대왕 같지 않죠? 소헌왕후에 대한 애절함이 세종에게 강력한 의지를 심어준 것 같습니다.

심지어 당시 86살의 노령인 황희 정승마저 상소를 올려서 불당 설치를 반대합니다. 그러나 세종은 황희 정승의 상소에 대답하지 않았다고 기록되어 있습니다. 그의 상소가 못마땅했지만, 나이 많은 정승에 대한 예의로 답하지 않은 듯합니다. 세종은

"임금 노릇 못 해 먹겠다. 양위하겠다."

라는 말까지 하며 신하들과 대치하였는데, 이 무렵에 만들어진 것이 바로 『월인천강지곡』입니다. 세종이 승하한 왕비를 위해서 불당을 짓고, 아들을 시켜 불경 『석보상절』(1447, 세종29)을 제작하게 하고, 직접 583곡에 이르는 노래를 지어서 간행했습니다. 이러한 내용은 『월인천강지곡』과 『석보상절』을 합하여 엮은 『월인석보』(1459, 세조5) 서문에도 나옵니다. 왕이 둘째 아들인 수양대군에게 석보를 번역하여 간행

하라고 지시하면서, 죽은 이의 명복을 비는 데에는 불경을 쓰는 것보다 더 큰 공덕이 없을 것이라고 말합니다. 사실, 소헌왕후가 위독했던 1446년에는 왕이 부인의 쾌차를 기원하는 기도를 올리기도 했고, 전국에 대 사면령을 내리기도 했었습니다.

이처럼 『월인천강지곡』에는 세종의 왕비였던 소헌왕후에 대한 애틋한 사랑의 감정이 숨겨져 있습니다. 특히 『월인천강지곡』의 583곡 중에 '기이편'의 마지막 문장이 좀 심상치 않습니다. 이것을 처음으로 주장한 국문학자인 김영욱 교수의 책 『한글』에서 언급된 내용을 빌려보겠습니다.

> 세존의 일을 사뢸 것이니 만 리 바깥의 일이지만 눈에 보이는 듯 생각하소서. 세존의 말씀을 사뢸 것이니 천 년 전의 말이지만 귀에 들리는 듯 생각하소서.

'하소서'는 유일하게 극존칭의 대상에게만 사용하는 종결어미로, 오늘날에도 기도문에서나 쓰이지 일상생활어로는 잘 쓰지 않는 표현입니다. 그런데 이 '하소서'라는 표현을 받는 상대가 바로 소헌왕후 심씨일 가능성이 높다는 주장입니다. 즉, 석가모니의 공덕을 찬송하여 지은 노래이지만 그 안에는 이 노래를 듣는 대상이 소헌왕후임을 다른 사람이 눈치 채지 못하게 서사시 속에 숨겨놓았다는 것입니다. 저도 충분히 동의하는 내용입니다. 저 역시 『월인천강지곡』의 제목 자체가 누군가에 대한 그리움의 마음을 담은 것이라고 생각하고 있습니다. 달빛이 천 개의 강에 동시에 비치듯, 시간과 공간을 뛰어넘어 함께 있다는 의미로도 해석할 수 있기 때문입니다.

그리운 이에게 자신의 마음을 전달하기 위해서 부처님의 말씀을 빌려 그 안에 살짝 숨겨놓은 것으로 이해가 됩니다. 남의 이야기인 듯하지만, 사실은 자신의 이야기인 것입니다. 그래서 '월인천강'이라는 의미가 더욱 애틋하게 와 닿습니다. 삶과 죽음이 그들을 갈라놓았지만, 그들의 사랑은 숨겨지지 않았던 것 같습니다.

그로부터 많은 시간이 지난 1468년의 일입니다. 그 두 사람의 아들인 세조의 나이가 51세가 되는 해였습니다. 임금이 사정전思政殿에 나가 종친, 재상들과 술을 마시다가 여덟 명의 기생에게 언문 가사를 부르게 합니다. 『월인천강지곡』이었습니다. 이를 듣던 세조가 한참 있다가, 눈물을 뚝뚝 흘리더라는 내용이 『조선왕조실록』에 고스란히 전해집니다. 이 기사가 유일하게 『조선왕조실록』에서 찾아볼 수 있는 『월인천강지곡』의 후담입니다. 그로부터 4개월 후에 세조는 승하합니다.

우리 역사 속에서 숨겨진 사랑의 코드를 찾아낼 때마다 느껴지는 인간적인 면모에 감동받을 때가 많습니다. 우리가 역사를 공부하는 것은 곧 우리의 마음을 공부하는 것이 아닐까 싶습니다.

낙선재의 주인공 경빈 김씨, 전례가 없던 왕의 사랑

　　　　우리 역사와 민속에서 사랑 이야기가 없지도 않지만, 또 그렇게 많이 알려진 이야기도 드뭅니다. 한국인들이 가장 좋아하는 고전소설 중 하나인 춘향전도 실화를 바탕으로 했다는 주장이 있지만, 어디까지나 소설입니다. 한때 퓨전 사극이 유행하면서 왕이나 왕세자와의 사랑 이야기를 담은 드라마들이 많이 나오기도 했습니다. 그 모델이 되는 왕이나 왕자로 정조나 효명세자 등이 있었습니다만, 아무래도 기록이 많지 않다 보니 대부분 픽션입니다. 그러나 조선의 제24대 왕이었던 헌종과 그의 후궁인 경빈慶嬪 김씨의 사랑은 야사이긴 하지만, 어느정도 사실을 바탕으로 하기에 매력적인 이야기입니다.

헌종憲宗(재위 1834~1849) 임금은 효명세자의 아들로, 정조 임금의 증손자입니다. 헌종은 조선의 역사상 가장 어린 나이인 8살에 왕위에 오릅니다. 한 인간의 삶으로 보면 조금은 비극적인 삶이라 할 수도 있겠습니다. 그의 아버지인 효명세자가 급사하면서 왕세손이 되었고, 또 할아버지인 순조가 승하하면서 고작 8살에 왕이 됩니다. 그러니 당연히 할머니인 순조비(순원왕후)가 수렴청정을 하게 됩니다. 헌종이 자신의 의지대로 정치를 하게 되는 것은 그로부터 7년 후인 그의 나이 15세 때입니다. 그래봤자 요즘 기준으로도 중학교 2학년 정도 나이이니까 국정을 운영하기에는 아직 어린 나이입니다.

헌종이 재위한 기간은 극심한 천주교 박해와 더불어 삼정三政의 문란이 극에 달했던 시기입니다. 그래서 개인적 역량과는 별개로 헌종의 역사적 평가는 비교적 좋지 않을 수밖에 없습니다. 너무 어린 나이에 왕위에 올랐을 뿐만 아니라, 그의 재위 기간 대부분이 세도정치기이자, 대비의 수렴청정 기간이었기 때문에 헌종이 자신의 뜻대로 개혁정치를 할 시간과 상황이 안 되었던 것입니다. 조선 말기의 세도정치라는 배경이 더 큰 문제였다고 볼 수 있습니다.

헌종도 15세 이후부터 조선 사회와 정치를 개혁하려는 의지를 보였습니다. 증조부인 정조를 모델로 삼아 정조의 정책이었던 초계문신抄啓文臣* 제도를 부활시키고, 총융청摠戎廳을 호위부대로 두는 등

---

*초계문신: 정조 임금 때 규장각에 특별히 마련된 교육 및 연구 과정을 밟던 신하.

자신의 뜻대로 움직여보려고 시도하였습니다. 그럼에도 어린 왕으로서 소수 가문이 권력을 독차지한 조선의 정치 현실을 개혁하기에는 어려움이 컸을 것입니다. 결국 헌종은 정치와 멀어지는 모습을 보입니다.

그러나 헌종은 시와 서화에 뛰어났고 예술을 사랑하였으며, 가슴 아픈 사랑의 주인공이기도 했습니다. 야사에 의하면 대단한 미남이었다고 합니다.

헌종의 첫째 부인은 효현왕후였습니다. 그녀는 10살에 왕비로 책봉되었으나, 후사 없이 열여섯 어린 나이에 세상을 떠납니다. 그래서 다시 후비를 얻기 위해서 간택령*을 내립니다. 그러면 최종 결선 심사인 삼간택**이 끝날 때까지 조선의 처녀들에게는 혼인 금지령이 내려집니다. 누가 왕의 여인이 될지 모르기 때문입니다. 선발 권한은 왕실 어른들에게 있습니다. 대비의 권한이 결정적이었을 것입니다.

삼간택 현장에는 혼인의 당사자가 되는 왕이나 왕세자가 참석할 수 없는 것이 왕실의 법도였습니다. 하지만 헌종이 대비마마에게 간절히 애원합니다. 자신의 비가 될 여인을 미리 볼 수 있게 해달라고 조릅니다. 임금의 체통에는 어울리지 않지만, 왕도 혈기왕성한 젊은

---

*간택령: 임금이나 왕자, 왕녀의 배우자를 고르기 위해 내리는 명령을 이르던 말.
**삼간택: 임금, 왕자, 왕녀의 배우자를 고를 때 세 번에 걸쳐 고른 다음에 결정하는 일.

청년입니다. 왜 자신의 배필감이 궁금하지 않겠습니까.

순원왕후는 예외적으로 헌종에게 삼간택 현장을 볼 수 있도록 허락해 줍니다. 여기에서 그는 운명의 여인을 보게 됩니다. 김씨 성을 가진 규수로 15세 무렵의 꽃다운 나이였습니다. 그 자리에서 헌종이 한눈에 반합니다. 엄청 예뻤나봅니다. 그런데 결과는 어땠을까요? 그녀가 왕비가 되었을까요?

그녀가 쉽게 왕비로 책봉되었다면 아마 역사는 재미없어졌을지도 모릅니다. 왕이 한눈에 반했지만 김씨 규수는 탈락하고 홍씨 처자가 간택됩니다. 바로 홍재룡의 딸로 헌종의 두 번째 왕비인 효정왕후입니다.

헌종은 단 한 번 봤을 뿐인 광산 김씨 사대부 집안의 처자를 잊지 못합니다. 결혼 후 3년이 지났는데도 중전에게 후사가 없자 이를 핑계삼아 김씨 처자를 후궁으로 삼습니다. 그녀의 나이 열여덟 꽃다운 나이에 말입니다. 헌종은 한눈에 반한 김씨 처자를 기다리기 위해 3년간 후사를 두지 않았다는 설이 있습니다. 그녀를 본 그 짧은 만남이 그를 3년간 버티게 했는지도 모르겠습니다.

한편, 이러한 야사가 사실과는 다르다는 견해도 있습니다. 당시 초간택과 삼간택 단자에 훗날 경빈이 되는 광산 김씨의 이름이 확인되지 않기 때문입니다. 근거 없는 야사라는 것입니다. 그러면 그들이 어떻게 처음 만났는지 더욱 궁금해집니다. 그러나 헌종이 유일하게 사랑했던 여인이 경빈이었다는 사실은 분명합니다. 왕이 이 여인을 얼마나 사랑했는지는 역사 기록을 통해서 확인할 수 있습니다.

헌종은 1847년 정미년에 경빈을 후궁으로 맞아들입니다. 이 해가 바로 그가 존경해 마지않는 증조부 정조 임금이 가장 아꼈던 수빈 박씨를 후궁으로 맞이했던 해와 같은 정미년입니다. 즉, 같은 정미년에 정조가 수빈 박씨를 맞이한 예禮대로 경빈 김씨를 후궁으로 맞이한 것입니다. 뒤에서 설명하겠지만 정조가 수빈 박씨가 거처하는 집 복헌 옆 영춘헌을 서재 겸 집무실로 삼았듯이, 헌종은 낙선재를 지어 서재로 삼고, 이와 연결된 석복헌에 경빈 김씨가 머물도록 했습니다. 굳이 의미 부여를 한다면 증조할아버지인 정조 임금과 자신을 동일시한 것입니다. 그리고 후궁으로 들이자마자 그녀를 정1품 경빈으로 책봉합니다. 일반적으로 후궁은 종2품 숙의로 책봉되고 품계가 시작됩니다. 조선시대 후궁 중 가장 유명한 장희빈도 한 번에 빈이 되지 못했습니다. 그런데 경빈은 궁에 들어오자마자 정1품 품계인 빈으로 책봉되었습니다. 전례가 없는 일이었습니다. 곧바로 순화궁順和宮이라는 궁호도 내립니다.

이처럼 전례가 없는 왕의 지극한 사랑은 계속됩니다. 경빈이 궁으로 들어오는 1847년에 그녀를 위해서 창덕궁에 낙선재樂善齋를 짓습니다. 왕이 후궁을 위해서 건물을 새로 짓는, 전례가 없는 일이 또 발생합니다. 조선 역사에서 왕이 자신의 여인을 위해서 토목공사를 했다는 이야기는 무척 생소합니다. 그 옆에 경빈의 거처로 석복헌錫

福軒을 짓고, 다시 그 옆에 대비인 순원왕후를 위해서 수강재壽康齋를 짓습니다. 낙선재, 석복헌, 수강재는 지금까지도 창덕궁의 중요한 건축물로 남아 있습니다. 대비의 거처와 후궁인 경빈의 처소가 나란히 배치되었다는 것도 이례적입니다. 경빈 김씨의 위상이 높아지는 것은 당연합니다. 경빈의 거처인 석복헌의 의미는 '복을 쏟아 받는다'는 것입니다. 경빈의 임신을 기원하기 위해 지은 이름이었습니다. 이 또한 경빈에 대한 배려라고도 할 수 있습니다. 더군다나 시할머니 거처를 옆에 두어서 사실상 며느리 역할을 맡기게 됩니다.

낙선재를 짓고 나서 헌종은 거의 이곳에서 살다시피 합니다. 야사에 의하면 헌종이 경빈에게 멋있게 보이려고 낙선재에서 큰 소리로 책을 읽었다고도 합니다. 공부가 목적이 아니라 사랑하는 여인에게 자신의 목소리를 들려주고 싶었던 욕심이 더 컸던 모양입니다. 소년 왕이 얼마나 귀여웠을지 상상이 됩니다.

헌종은 경빈과 함께 시간을 보내는 낙선재의 창호 문양을 모두 다르게 만들었습니다. 경빈을 위해서였다고 합니다. 그래서 낙선재는 아기자기함의 극치를 보여줍니다. 그들의 사랑 덕분에 우리가 창덕궁 낙선재에 가면 그 아름다움을 즐길 수가 있습니다.

그러나 이런 다정한 한때도 오래가지 못합니다. 안타깝게도 그들이 만난 지 2년 만에 헌종이 23세의 나이로 승하하고 맙니다. 신이 질투했는지도 모르겠습니다. 그 사랑이 짧았기 때문에 더 강렬했을 수도 있습니다. 동서고금을 막론하고 깊은 사랑 이야기는 짧습니다.

이처럼 짧은 만남, 그리고 다시 긴 이별과 기다림의 삶을 살았던 두 젊은 사람은 운명처럼 돌고 돌아 다시 만났지만, 함께한 시간도 길지 않았습니다. 그러나 그 자체가 대단한 인연이었던 건 분명한 것 같습니다. 아마도 그들은 다시 환생해서 어디선가 또 애달픈 사랑을 하고 있는지도 모르겠습니다.

이순신 장군이 쓴 마지막 일기

　　대학 시절에 봤던 『난중일기亂中日記』를 최근에 다시 읽어봤습니다. 다시 보니 또 다른 감동이 밀려왔습니다. 한 권의 책에 쓰인 글은 그대로이나, 읽는 사람의 시간의 깊이에 따라서 그 감동은 달라지는 것 같습니다.

　임진왜란의 마지막은 노량해전에서 이순신李舜臣(1545~1598) 장군이 전사하는 것으로 끝납니다. 아시다시피 이순신 장군의 삶은 영화보다 더 영화 같습니다. 그러나 장군이 전사한 노량해전에 대해서는 간략하게만 아는 경우가 많아서 이번에는 노량해전과 이순신 장군의 인품에 대해서 깊이 있게 이야기해 볼까 합니다.

1597년(선조30) 정유재란을 일으킨 일본은 진도에 있는 명량 울돌목에서 이순신에게 패배한 후에 별다른 전과를 거두지 못하고 있었습니다. 명량해전은 영화로도 다루어져서 많은 분들이 잘 알고 있을 것 같습니다. 명량해전은 서해로 침입하는 왜선을 12척의 배로 방어한 사건입니다. 세계사적으로도 그 유례를 찾기 어려운 전투였습니다만, 결코 우연히 또는 운 좋게 이긴 것이 아닙니다. 『난중일기』 1597년 7월 28일의 기록을 보면 이를 알 수 있습니다.

초저녁에 동지 이천과 진주목사 나정언, 찰방 이시경이 와서 자정까지 왜적과 맞싸울 대책을 논의했다.

장군은 자정까지 싸울 대책을 논의했습니다. 12척의 배로 왜군을 막아야 하는 상황이었습니다. 저녁식사는 하고 회의를 했는지 모르겠으나, 초저녁부터 자정까지는 꽤 긴 시간입니다. 잠을 청할 시간도 없었을 것입니다. 저 한 줄의 글에 그의 깊은 시름이 느껴집니다. 그러나 조정에는 장수의 기개가 느껴지는 멋진 장계를 올립니다.

신에게는 아직 12척의 배가 있사옵니다.

익히 알고 있는 이순신 장군의 어록이지만 앞서 소개한 일기를 읽고 이를 보면 그 느낌이 사뭇 다릅니다. 한 인간의 고뇌와 열정을 바친 노력이 12척으로 기적을 만든 것입니다. 그가 왜 두렵지 않았겠습니까. 자신감 넘치는 백전노장의 기개 뒤에는 치열하게 고심한 흔적들이 일기에 담담히 기록되어 있습니다.

『난중일기』 1597년 9월 15일 명량해전 직전의 일기입니다.

> 병법에 이르기를, 반드시 죽고자 하면 살 것이고, 반드시 살고자 하면 죽는다고 했다. 또한 한 사람이 길목을 맡아 지키면 천 명을 두렵게 할 수 있다고 했다. 이는 지금 우리를 두고 이른 말이다.

우리가 잘 알고 있는 '필사즉생必死則生 필생즉사必生則死'의 구절입니다. 그런데 이 일기의 말미에 흥미로운 내용이 이어져 있습니다.

> 이날 꿈에 신선이 나타나서 이렇게 하면 크게 이길 것이고, 이렇게 하면 질 것이다.

이 기록을 보니 우리 후손들은 꿈에 보인 신선에게 감사해야 할 것 같습니다. 명량해전의 숨은 1등 공신이 신선이었던 것일까요? 신선이 알려준 전략대로 해서 이긴 것일까요? 이순신 장군의 마음이 얼마나 간절했으면 그런 꿈까지 꾸었을까요. 이 일기 한 줄로 당시 이순신 장군의 마음이 고스란히 느껴집니다. 저는 꿈에 보인 신선이 바로 장군의 마음이었으리라 짐작합니다.

명량해전은 이순신 장군이 고작 12척의 배로 왜군 133척을 막은 해전 역사에도 유례가 없는 전투였지만, 이 전투에서 승리한 후 일기에는 이렇게 남아 있습니다.

이번 일은 실로 하늘이 주신 행운이다.

그의 겸손한 기록에 한 인간의 진심이 그대로 담겨 있습니다. 11월 23일자에는 승전에 대한 장계를 쓰고는 곧바로 아산의 본가로 편지를 씁니다. 죽은 아들이 생각이 나서 눈물이 멈추지 않는다고 쓰여 있습니다. 나라를 구한 장수이지만, 자신 가족의 안위에 대해 걱정하는 자상한 남자이기도 했습니다.

그 이듬해 8월에 전쟁을 일으킨 도요토미 히데요시豊臣秀吉(1536~1598)가 병으로 사망하면서, 왜군은 사실상 전쟁을 할 이유가 없어져 버립니다. 조선에 있는 왜군들은 철군을 결정합니다. 이순신 장군은 이들을 고이 보내줄 수 없었습니다.

조선과 명나라의 연합 함대 200여 척이 왜장 고니시 유키나가小西行長(1558~1600) 부대를 섬멸하기 위해서 노량에 진을 쳤습니다. 참고로 고니시는 1592년 임진왜란이 발발할 때 최선봉에서 부산진과 동래성을 함락하여 쑥대밭으로 만든 인물입니다. 당시 동래성 전투로 동래성 사람 5천 명이 학살당했습니다. 성안 사람을 모두 죽였다고 봐도 되는 숫자입니다. 더군다나 도요토미 가문의 최측근 가신家臣

중 한 명이었기 때문에 우리 입장에서는 결코 살려 보낼 수 없는 인물입니다.

고니시는 막판까지 명나라 제독인 진린陳璘(1543~1607)에게 퇴로를 열어달라고 협상합니다. 명나라 군대는 철군하는 왜군들을 굳이 쫓아가서 싸울 이유가 없었습니다. 이순신 장군이 그런 진린을 겨우 설득해서 노량에서 일전을 벌이게 됩니다. 결국 이순신 장군의 『난중일기』에는 이 노량해전 전전날 일기가 생전 마지막 기록으로 남습니다. 1598년 12월 5일(양력)부터 노량해전이 일어나기 직전인 12월 14일(음력 11월 17일)까지 매일 일기를 썼습니다. 이순신 장군은 임진왜란의 시작과 끝을 함께했고, 이 전쟁의 종결자였습니다. 그런데 그 마지막 기록은 가슴 아픈 내용으로 남고 말았습니다.

왜군이 명나라 군대에 찾아가서 퇴로를 보장해달라며 계속 뇌물을 바친다는 것입니다. 이순신 장군 입장에서는 마지막 일전을 앞두고 이 분위기가 못마땅했을 것입니다. 12월 11일에는 왜군 장수가 작은 배를 타고 도독부로 들어가서 돼지 2마리와 술 2통을 진린 도독에게 바쳤다고 하고, 그 다음 날인 12일에도 왜선이 드나들고, 13일에도 왜군이 말과 창, 칼을 도독에게 바쳤다고 합니다. 이쯤 되니 명나라 군대는 도망가겠다며 뇌물 바치는 왜군을 끝까지 쫓아가서 싸울 이유가 없었습니다. 굳이 앞장서서 피 흘릴 이유가 없는 것입니다. 반면 조선군의 입장은 달랐습니다. 이순신 장군은 한 명의 왜군도 살려 보내고 싶지 않았습니다.

그러나 12월 14일 장군의 생애 마지막 일기는 이렇게 남아 있습니다.

왜놈 중선 하나가 군량을 가득 싣고 남해에서 바다를 건너가는 것을 보고 한산도 앞바다까지 쫓아가니, 왜적들은 언덕을 의지하고 뭍으로 올라가 달아났고, 잡은 왜선과 군량은 명나라 사람에게 빼앗기고서 빈손으로 돌아와 보고했다.

이 내용을 읽는 분들은 울컥하실 수도 있겠습니다. 이순신 장군의 난중일기 마지막 기록이 '빈손으로 돌아와 보고했다.' 이것이었다니! 이 일기를 마지막으로 쓰고 나가서 싸우다가 전사한 것입니다. 아무리 이순신 장군이 천하 명장이었다 하더라도, 약소국이며 전쟁 피해국의 장수였다는 현실이 씁쓸하게 보이는 기록입니다. 이순신 장군은 본인이 전사할 줄 모르고 전투 직전에 남긴 일기이긴 하겠지만 그 일기를 마지막 구절로 읽는 제 마음은 착잡합니다.

왜군은 도망가려 하고, 조선군은 한 명의 왜군이라도 더 죽이려고 쫓아가고, 그런데 전리품으로 획득한 배와 쌀은 도와주겠다고 온 명나라 사람들에게 빼앗깁니다. 그런 비열한 짓을 당해도 구원하러 온 군대라는 이유로 한마디 말도 못 합니다. 이것이 장군의 마지막 기록이었습니다. 우리는 장군의 마지막 일기 내용은 모른 채, 그의 마지막 어록만 기억하고 있습니다.

"싸움이 급하니 나의 죽음을 (우리 군사들에게) 알리지 말라."

그의 마지막 유언은 죽음 앞에서도 장수로서 본분을 잃지 않으려는 무관으로서의 명언이었습니다만, 그의 마지막 일기는 이 시대를 살아가는 우리가 좀 더 깊이 생각해야 하는 유언이 아닐까 싶습니다.

| 덧붙임 |

노량해전이 벌어진 날짜는 언제였을까요?
노량해전은 음력 11월 19일에 벌어집니다. 양력으로 환산하면 12월 16일입니다. 노량 앞바다가 남쪽 지역이라 하더라도 12월은 한겨울인 데다가, 바다 위는 더욱 춥습니다. 그 추위를 무릅쓰고 이순신 함대가 출전한 것만 보아도 그 싸움이 얼마나 간절했고, 왜군에 대한 분노가 어떠했는지 알 수 있습니다. 이순신 장군의 간곡한 설득으로 명나라 진린 제독도 전투에 나섭니다.
이날 왜선 200여 척이 불에 타 침몰되거나 파손되었고, 100여 척이 나포되었습니다. 이순신 장군은 그 다음 날(음력 11월 20일) 오전 관음포로 도주하는 왜군을 추격하다가 총탄을 맞고 전사합니다.

『조선왕조실록』에 기록된 전염병 극복 방법 (1)

조선시대에는 전염병을 어떻게 극복했고, 또 전염병과 관련된 어떤 사건들이 있었을까요? 이번에는 『조선왕조실록』에서 전염병에 대한 기사를 몇 개 추려보았습니다. 조선시대에도 백성들을 가장 괴롭힌 것 중 하나가 전염병이었습니다. 특히 전염병이 심해지면 국왕이 조례를 할 때 연주하던 음악을 멈출 정도로 예민하게 대응했던 사실을 쉽게 찾아볼 수 있습니다.

조선시대에는 전염병을 '온려瘟癘' 또는 '여역疫癘'이라고 불렀습니다. 당시 전염병의 대표격은 '염병染病'과 '창질瘡疾'이었습니다. 또, 괴이한 질병이라는 의미에서 '괴질'이라고도 불렀습니다. 조선시대의 3대 재앙을 꼽으라면 호환, 흉년, 전염병이 그것입니다. 우리말 욕설 중에서 "염병할 놈!"이라는 말이 있지 않습니까? 의학적으로는 장티푸스로 알려져 있습니다만, 장티푸스는 감염성 질환의 대표격일 뿐, 염병은 결국 전염병을 의미합니다. 그러므로 이 욕은 '그냥 빨리 죽어라'라는 의미가 됩니다. 무심코 하는 욕이라고 생각할 수 있지만, 의미를 짚어보면 대단히 무섭고 잔인한 말입니다.

『조선왕조실록』에는 태종 때부터 마지막 황제였던 순종 때까지 전염병에 대한 기록이 꾸준히 나옵니다. 우리나라 역사에서 백성들을 끈질기게 괴롭혔던 것이 바로 이 전염병입니다. 국가가 존재하는 가장 중요한 이유 중에 하나가 백성들의 평안한 삶을 유지해주는 것입니다. 그런 면에서 보면 생명을 위협하는 전염병이야말로 국가에서 관리해야 하는 아주 중대한 질병이기 때문에 『조선왕조실록』에도 이에 대한 대처 방법이 꾸준하게 등장합니다.

전염병은 말 그대로 사람과 사람 사이에 옮는 병이기 때문에 그 처리 방법이라든가 치료가 무척 어려웠습니다. 근대 의학이 발달하기 전에는 동서양을 막론하고 한 번 걸리면 거의 죽는다고 여겼습니다. 그러나 『조선왕조실록』에 보면 각별하게 치료해서 완치했다는 기록이 종종 등장하기도 합니다.

"굶주린 이가 많으면 병에 감염되기 쉽고, 병든 사람이 많으면 널리 퍼지기 마련"(순조33)이라는 기록도 있습니다. 그래서 굶주린 이와 병든 사람에 대한 배려도 합니다. 환자 중에서 자신의 힘으로 움직일 수 있는 사람에게는 식량과 노자를 주어 각 나루에서 본적지로 실어 보내주었습니다. 또, 굶어 죽은 시체를 거두지 못한 것을 조사하여 찾는 대로 묻어주도록 했습니다.

조선 정부는 전국에 전염병이 돌면 환자 및 사망자 수를 파악합니다. 적게는 수십 명에서 많게는 수만 명이 사망했다는 내용이 조선왕조 500년 동안 내내 기록됩니다.

특히, 숙종 임금 때인 1698년에는 기근과 전염병으로 수만 명이 죽었다는 기록이 나옵니다. 이해에 도성인 한양에서 쓰러져 죽은 시체가 1천 5백 82명이고, 8도에서 사망한 사람이 2만 1천 5백 46명이었다고 합니다. 이에 더해서 "서울 밖의 지역에서 보고한 숫자는 열에 두셋도 되지 않았는데 오히려 이렇게 많은 숫자에 이르렀으니, 기근과 전염병의 참혹함이 실로 전고前古에 없던 바였다."라고 사관이 기록하고 있습니다. 당시의 상황이 얼마나 처참했는지 이해가 됩니다. 그런데 한 자리 숫자까지 사망자 수가 기록된 것을 보면, 그 당시에도 나름 꼼꼼하게 조사한 데이터를 가지고 있었다고 봐야 할 것 같습니다.

1822년 순조 임금 때에는 함경도에서 전염병으로 사망한 사람이 1만 5백 명이라는 장계가 올라오기도 했습니다. 전쟁보다 무서운 것이 바로 이 전염병이었던 것입니다.

심지어 1756년(영조32) 8월 29일 기록에는 과거시험에 응시하러 한양에 왔다가 전염병이 유행하는 바람에 수험생이 많이 죽었다는 기록도 있습니다. 이때에는 심지어 왕도 신하들을 접견하지 못하도록 했다는데, 오늘날 코로나 유행 때와 별반 다르지 않았다는 생각이 듭니다.

문득 세종대왕은 이러한 전염병에 대해 어떤 기록을 남겼을까 궁금해서 찾아봤습니다. 1432년(세종14)의 일입니다. 전염병이 크게 유행해서 한양 안의 긴급하지 않은 공사의 정지를 명했다는 기록입니다.

임금이 말하기를,

"지금 서울 안에 전염병이 크게 유행하는 것을 알 수 있으니, 그것을 오부五部*로 하여금 구휼과 치료에 힘쓰게 하라. 또 도성 안에 공사가 한두 가지가 아니어서 경기의 선군들도 와서 일에 동원되고 있으니, 이 무리들이 집을 떠난 채 전염병에 걸린다면 반드시 죽음을 면하지 못할 것이다. 그중 다음 달의 일 때문에 올라오는 선군은 통첩을 내어 돌아가게 하는 것이 어떠할까."

하니, 김종서 등이 아뢰기를,

"전염병은 여러 사람들이 모인 가운데서 잘 퍼지는 것입니다. 신 등의 생각이 이에 미치지 못하였는데, 주상의 말씀이 옳습니다."

하였다.

---

*오부: 조선시대 한성부에 설치한 다섯개의 관서.

세종대왕의 백성을 사랑하는 마음이 기록으로 잘 남아 있습니다. 이에 더해서 이런 어명도 내립니다.

임금이 말하기를,
"일에 동원되는 선군은 내 생각으로는 그들이 반드시 충분한 식량을 갖고 오지 않았을 것이다. 만약 그들을 일터로 가게 한다면 그것은 그들을 굶주리게 하는 것이니, 그들을 죄다 풀어주어 집으로 돌아가게 하는 것이 어떨까."
하니, 종서 등이 아뢰기를,
"당번 선군들을 물러가 제 집에서 쉬게 한다면 이 또한 착하신 은전恩典이겠습니다."
하매, 즉시 병조에 명하여 놓아주어 돌아가게 하고, 이어 서울 안의 긴급하지 아니한 영선 공사를 정지하라고 명하였다.

세종대왕이 백성들에 대해서 많은 염려와 배려 깊은 생각을 했음을 알 수 있는 기록입니다. 심지어 관료들도 미처 생각하지 못한 것을 먼저 고민하고 지시합니다. 세종대왕의 백성들을 위하는 마음이 사료를 통해 읽힐 때면 그분의 애민정신에 대한 감동이 두 배가 되곤 합니다. 이러한 기록만 보아도, 조선 초기에 이미 국왕과 정부가 전염병에 대처하기 위해 노력하는 모습을 엿볼 수 있고, 또 걱정하는 마음도 느껴집니다.

과거에 의학이 발달하기 전에는 이러한 전염병이 귀신에 의해 발생하는 것이라고 생각했습니다. 그래서 조선시대 전 시기에 걸쳐서 전염병이 크게 유행하면 정부 차원에서 여제厲祭를 지냈습니다. 여제는 여귀厲鬼에게 지내는 제사입니다. 여귀는 자식이 없거나 억울하게 죽은 귀신을 말합니다. 태종 임금 때에는 전염병이 돌면 군기감軍器監에 명해서 화포를 쏘기도 했는데, 이것도 귀신을 물리치는 방법 중 하나입니다. 귀신이 화포 소리에 놀라서 도망친다는 속신이 있기 때문입니다.

전염병이 유행하면 사람들이 많이 모이는 공간이 가장 취약합니다. 그러면 가장 취약하고 열악한 조건 속에서 한데 모여 있는 사람들은 누구일까요? 바로 감옥에 갇힌 죄수들입니다. 이들에 대한 이야기는 다음 편에서 이어 가겠습니다.

『조선왕조실록』에 기록된
전염병 극복 방법 (2)

조선시대 때 전염병이 돌면 가장 문제가 되었던 이들이 바로 감옥에 갇힌 죄수들이었습니다. 그래서 병이 심각해지면 감옥에 갇힌 죄수를 석방해주기도 했습니다.

1654년(효종5) 5월 12일 기록입니다. 병자호란이 끝난 지 20년도 채 안 되었습니다. 전쟁의 참상으로 인해 조선 사회가 아직 회복도 못 하고 있을 때입니다. 『효종실록』에는 왕명으로 전옥서典獄署에 수감되어 있는 죄인 중에 죄가 가벼운 자는 석방하라는 기록이 있습니다.

임금이 강연에서 신하들의 보고를 받습니다.

"근일 감옥에 전염병이 크게 돌아 죄수들이 잇따라 병이 든다고 합니다."

하니, 임금이 승지에게 말하기를,

"이런 더위를 당하여 갇힌 것도 불쌍한데 더구나 병까지 걸리다니 내가 더욱 가엾게 여긴다. 승지는 가서 죄수들을 검열하여 가벼운 죄인은 석방하라."

라고 했다는 것입니다. 임금이 보통의 경우처럼 하늘을 감동시키려고 죄인을 풀어준 것이 아니라, 죄인들이 전염병으로 죽을까 염려한 것입니다. 오늘날 민주주의사회에서나 고려할 만한 범죄자 인권 문제가 조선시대 전염병이 창궐하던 시기에 이미 논의된 것입니다.

정조 때에도 이 같은 기록을 살펴볼 수 있습니다. 1789년(정조13) 윤5월 8일, 정조 임금께서 친히 '도수도단자都囚徒單子'를 열람합니다. 도수도단자는 감옥에 갇혀 있는 죄인들에 대한 일종의 상황 보고서입니다. 임금이 이를 보고서 이렇게 지시합니다.

> 서울의 죄수 중에 이미 심리審理가 다 끝난 무리들에 대해서 매양 한 번 조사해 열람하고자 하였으나, 근자에 여러 도의 조사 문건을 처리하느라 미처 실행하지 못하였다. 그런데 지금 본조의 초기草記를 보건대 옥중獄中에 전염병이 있다 하니, 진실로 불쌍히 여겨 구휼하는 것이 합당하다. 일차죄인日次罪人*과 결안죄인結案罪人** 등

---

*일차죄인: 심문을 하는 중에 있는 죄인.　**결안죄인: 사건 처리가 종료된 죄수.

에 대해서는 판서와 참판·참의가 문안을 상세히 열람하여 명단을 요약해서 처리하라.

다시 조사할 죄수 6명은 형조 안으로 옮겨두었다가 감옥 안에 전염병 기운이 사라져 깨끗해지기를 기다렸다가 도로 가두라.

여기에 정조 임금이 이런 말을 더합니다.

옥에 갇힌 죄수로 말하면 옥중에 이런 병세가 있을 경우, 전염될 것이 우려될 뿐 아니라 범죄가 모두 사형에 해당한다 하더라도 처형으로 죽지 않고 병으로 죽게 될 것이니, 이것은 죄인을 불쌍히 여겨 신중히 처리하는 정사에 어긋남이 있다. 도내道內 각 고을의 죄수 중에 현재 앓고 있는 무리가 있으면 즉시 편의에 따라 습기가 없는 깨끗한 방으로 옮겨 가두거나 혹은 보증을 받고 놓아주라.

위의 내용은 정조의 어명입니다. 오늘날 민주주의 정치 지도자의 말이라고 해도 의심되지 않을 정도입니다. 이처럼 조선시대에는 전염병이 돌면 경범죄인들은 일단 풀어주었다가, 병이 잠잠해지면 다시 잡아 가둡니다. 사형수는 사형당해 죽나 전염병에 걸려 죽나 마찬가지가 아닌가 생각할 수도 있지만, 사형수가 전염병으로 죽는 것은 바른 정치가 아니라고 생각했습니다.

『조선왕조실록』에는 전염병과 관련한 특이한 이야기도 실려 있습니다. 진휼청賑恤廳* 당상관이었던 송인명이 보고한 내용입니다. 전염병이 돌면 도성에서 죽을 나누어주는데, 무뢰배들이 이를 배급받아서 또 팔아먹는다는 것입니다. 요즘이나 그때나 좋은 제도를 악용하는 사람들이 꼭 있나봅니다. 이때 죽을 배급받기 위해 오는 사람들 중에는 양반도 있었습니다. 양반들도 전염병 앞에서는 별수 없었던 모양입니다.

끝으로, 전염병과 관련한 조선시대 상소문 한 편을 소개하겠습니다. 1664년(현종5) 11월 14일 기록으로, 안산군수安山郡守 최효건崔孝騫이 올린 상소입니다. 일개 군수가 임금에게 발칙하다고 여겨질 정도의 내용을 담은 상소인데 전염병과 관련한 내용만 요약했습니다.

아, 오늘날 백성들이 곤궁합니다. 전쟁을 여러 차례 겪어서 백성들이 곤궁해졌고, 창곡倉穀이 지나치게 많아서 백성들이 곤궁해졌고, 군납액[軍額]이 점차 많아져 백성들이 곤궁해졌고, 궁가에서 마구 수탈하여 백성들이 곤궁해졌고, 형옥이 맞지 않아서 백성들이 곤궁해졌고, 잇달아 흉년이 들어서 백성들이 곤궁해졌습니다.

---

*진휼청: 조선시대 물가 조절과 기민 구제를 담당하였던 관청.

형옥이 알맞은 다음에야 백성들이 기뻐하는 법입니다.

날씨가 순조로운 다음에야 온갖 곡식이 풍년 드는 법입니다. 그런데 한 해 여름 동안에 수재와 한재가 서로 잇따른 데다가 또 폭풍이 때 없이 불고 서리가 일찍 내려, 몸이 땀에 푹 젖고 발이 흙투성이가 되도록 일하여 온몸이 모두 병들었으나 추수할 때에는 타작마당이 텅 비었습니다. 이에 진휼을 비록 급하게 하였으나 굶어 죽은 시체가 많으며, 전염병이 날로 발생해 죽는 자가 헤아릴 수조차 없습니다. 전하께서 만약 그들의 굶주린 상황을 보고 슬피 원망하는 소리를 듣는다면 반드시 차마 쌀밥에 수저를 내리지 못할 것입니다.

바라건대, 전하께서는 긴급하지 않은 부역을 줄여 헛되이 낭비하는 것을 줄이고, 해마다 거두는 모곡耗穀을 탕감하여 먹을 것이 떨어진 백성들에게 보태주며, 군역의 인원수를 줄여 이웃과 친족들의 원망이 없게 하고, 여러 궁가에서 점유한 것을 혁파하여 여러 사람들이 이익 되게 하며, 형옥을 살펴 곡직을 밝게 구분하고, 시절을 탓하는 마음을 없애고 스스로를 반성하는 정성을 다하소서.

이 상소를 읽은 임금은 어떤 반응을 보였을까요? 자신의 국정에 대한 비판에 화를 냈을까요? 『현종실록』에는 이렇게 기록되어 있습니다.

상上이 모두 너그러이 비답하고 상소를 비국備局에 내렸다.

비국은 당시 국정 전반을 총괄하는 최고의 관청인 비변사를 말합니다. 이 상소에 대해서 비변사가 잘 검토하라는 것입니다. 고약한 성격의 임금님이라면, '당장 이놈을 잡아서 주리를 틀어라. 감히 내 쌀밥에 수저를 운운하다니!' 했을 것입니다. 현종 임금은 이 상소를 읽으면서 스스로를 반성했던 것 같습니다.

어진 임금이 되기 위해서는 충언忠言을 아끼지 않는 신하가 필요하고, 충언을 아끼지 않는 신하가 있으면 성군聖君이 되지 않을 수 없을 것입니다.

역사의 기록으로 남겨진
전주 여행 (1)

지금으로부터 100여 년 전입니다. 1925년 어느 봄날, 전주에 도착해서 전라북도 일대를 여행한 사람이 있습니다. 육당 최남선崔南善(1890~1957) 선생입니다. 최남선은 3·1운동 당시 「독립선언서」를 직접 작성한 독립운동가이자 학자입니다. 우리에게 잘 알려진 근대시 작가로도 유명합니다.

그가 쓴 '해에게서 소년에게'는 시조와 창가 형식의 시에서 근대 자유시로의 변화를 이끌어냈다는 평가를 받기도 합니다. 그는 35세에 전라도 일대를 답사하고, 그 기행문을 당시 신문에 연재했습니다. 이를 책으로 출판한 것이 바로 『심춘순례尋春巡禮』입니다. 일제강점기에 쓰인 호남 기행문이라고 할 수 있습니다.

이 글의 필자인 최남선은 1890년 4월 26일 한양에서 태어납니다. 본관은 동주東州입니다. 동주 최씨는 고려 말 충신이었던 최영 장군의 본관이기도 합니다. 그는 1904년에 황실 국비 유학생으로 일본으로 유학했다가 중퇴합니다. 1906년에 다시 일본으로 가서 와세다대 지리역사학과에 입학합니다. 그러나 1907년 와세다대학 정치학부에서 조선의 국왕이 일본으로 알현하러 온다는 가정으로 토의하는 것을 문제 삼았다가 퇴학당합니다.

1919년 3·1운동 때에는 기미독립선언문을 작성하고 민족대표 33인 중 한 사람으로 활약합니다. 이 일로 2년 6개월형을 선고받았습니다. 출소하고 나서도 불함문화론不咸文化論을 주장하며 일본의 식민지 통치 이데올로기였던 '일선동조론' 등 식민사학에 대항하는 민족 지도자로 활동했습니다. 불함문화론을 간단히 설명하면, 동방문화의 원류인 '붉'을 숭상하던 문화권을 불함문화로 규정하고 그 문화권의 중심이 조선임을 강조한 주장입니다. 또, 민족의 시조로 단군을 매우 중시합니다.

그러나 그 이후 안타깝게도 그는 친일의 길을 걷습니다. 1928년 조선총독부가 식민사관을 유포하기 위해 만든 조선사 편수위원회에 참여합니다. 중일전쟁이 발발하는 1937년에는 중추원 참의가 됩니다. 일본에 있는 조선인 유학생들의 학도병 지원을 권고하는 강연을 하는 등 태평양 전쟁기에 민족을 배신하는 친일파가 되고 맙니다. 1945년 해방 이후에 친일반민족 행위자로 기소되어서 1949년에 감옥에 수감되지만 병보석으로 풀려납니다. 말년에는 한국역사대사전을 편찬하다가 1957년에 67세의 일기로 별세합니다. 사망 원인은 뇌일혈이었습니다.

그의 친일 행적에도 불구하고, 한국 근대문학과 국학에 남긴 업적이 큰 것은 부인할 수 없는 사실입니다. 그의 국학 연구는 오늘날까지도 주요한 연구 대상이 되고 있습니다.

『심춘순례』는 최남선이 친일파로 변절하기 4년 전인 1925년의 호남 기행에 대한 이야기입니다. 저는 이 책을 여러분들에게 소개하면서도 혼란스러운 부분이 있습니다. 이 책 내용 곳곳에는 민족에 대한 애정과 조선 역사와 문화에 대한 자긍심이 묻어 있기 때문입니다. 그것도 아주 해박한 지식을 바탕으로 하고 있습니다. 이런 글을 쓴 그가 고작 4년 만에 마음을 바꾸는 것이 가능한 일인가 의아하고 마음 아프기까지 합니다. 어쨌든 그의 향후 행보와는 별개로 이 책에서 보이는 호남 문화와 그의 견해를 소개하겠습니다.

최남선은 3·1운동으로 옥고를 치르고 1921년에 출소합니다. 그리고 4년 후에 호남 나들이를 합니다. 전라북도 전주, 태인, 정읍, 고창, 부안을 거쳐서 전라남도 담양, 순천, 구례까지 여행합니다. 그의 책 제목인 '심춘尋春'은 '봄을 찾아간다'는 의미입니다. 그리고 여행기라고 하지 않고 '순례'라는 표현을 썼습니다.

『심춘순례』의 서문에서 조선의 국토에 대해 이렇게 밝히고 있습니다.

조선의 국토는 산하 그대로 조선의 역사이자 철학이며, 시詩이고 정신입니다. 조선인 마음의 그림자와 생활의 자취는 고스란히 또렷하게 이 국토 위에 박혀 있어, 어떠한 풍우風雨라도 마멸시키지 못한다는 것을 나는 믿습니다.

그래서 최남선은 조선 국토 '여행'이라 하지 않고 '순례'라는 겸손한 표현을 쓴 것입니다. 우리 땅을 감히 여행하는 것이 아니라는 것입니다. 그 위대함에 감탄하면서 숭고한 종교적 심성으로 국토를 순례한다는 의미입니다. 이어서 이런 언급도 합니다.

조선이 위대한 시의 나라, 철학의 나라임을 알게 되고, 또 완전 상세한 실물적 오랜 역사의 소유자임을 깨닫고, 그리하여 쳐다볼수록 거룩한 조선 정신의 불기둥에 약한 눈꺼풀이 퍽 많이 아득해졌습니다.

문학적으로도 참 멋있는 표현입니다. 우리의 역사와 문화에 대한 경외감이 독자에게까지 느껴지게 합니다. 이어서 이런 표현도 나옵니다.

내가 바라보는 그것은 분명히 감정이 있으며 웃음으로 나를 대합니다. 이르는 곳마다 꿀 같은 속삭임과 은근한 이야기와 느꺼운 하소연을 듣습니다. 그럴 때마다 나의 심장은 최고조의 출렁거림을 일으키고, 실신할 지경까지 들어가기도 한두 번이 아니었습니다. 나의 작은 재주는 저 크고 높고 아름다운 품격을 뒤슬러 놓기에는 너무나 커다란 차이가 있습니다.

우리 국토에 대한 예찬이 어쩌면 이렇게 멋질까요. 저는 최남선의 글을 읽으면서 그가 서술한 우리 땅에 대한 애정에 깜짝 놀라면서도 가슴이 아팠습니다. 당대의 이런 큰 학자가 왜 친일로 돌아섰을까요. 최남선의 이 서문은 남다릅니다. 그가 왜 천재 문인이라는 칭송을 듣는지 새삼 알게 해주는 문장들입니다. 끝까지 민족의 지도자로 남았다면 더할 나위 없이 좋았을 것입니다.

이제 본격적으로 『심춘순례』에 기록된 전주지역 일대를 소개하겠습니다. 최남선은 서울에서 기차를 타고 남쪽으로 내려옵니다. 이때 석전石顚이라는 노스님과 동행했다고 합니다. 서울에서 대전까지 와서 다시 호남선으로 열차를 바꾸어 타고 전주역에 내립니다. 이때 전주역은 오늘날 전주시 태평동에 준공되었고, 1929년에 현 전주시청 자리로 역사驛舍를 이전합니다.

최남선은 전주역에 도착하자마자 건지산 자욱한 소나무숲이 전주 오는 이의 첫눈을 반갑게 한다고 썼습니다. 전주역을 나서자마자 짐 다툼하는 작은 지게꾼 때문에 우스운 괴로움을 겪었다고 합니다. 영화의 한 장면처럼 상상이 됩니다. 그는 곧바로 오목대에 올랐다가 경기전과 조경묘도 둘러본 듯합니다. 이어서 좁은목 쪽으로 와서 남고산성 북쪽 봉우리 꼭대기의 포루砲樓를 언급합니다. 이 좁은목 너머로 긴 골짜기가 상관으로부터 시작되어 남원 만마동으로 뚫려 나간다고 합니다. 최남선이 지나간 그곳에는 현재 문화재청 소속 기관인 국립무형유산원이 들어서 있습니다.

최남선은 책 서문에 매일 여행을 마치면 침침한 촛불을 켜놓고 숙소에서 그때그때 기록한 원고를 신문사로 보냈다고 밝히고 있습니다. 이미 100여 년 전에 전주 땅을 꼼꼼하게 답사하고 간 흔적이 글 곳곳에 묻어 있습니다. 현재의 국립무형유산원 맞은편에 자리 잡은 한벽당을 비롯해서 황학대, 다가정 등 전주 사람이 아니면 쉽게 알기 어려운 옛 누각이나 지명이 연속해서 등장합니다.

최남선은 전주에서 재미있는 설을 제기합니다. 한벽당을 품고 있는 산의 주봉을 중바위라고 해서 승암산이라고 합니다. 치명자산으로도 알려져 있고, 뾰족한 봉우리라 하여 바리봉이라고도 불렸는데, 이때 '바리'가 밝음의 '붉'에서 유래했을 가능성을 제기하고 있습니다. 이 산은 조선 말기 천주교 신자들의 순교성지로도 유명합니다. 최남선도 이 사실을 알고 있었을 것입니다. 오늘날에도 이 산은 여러 종교의 성지로서 역할을 하고 있습니다.

최남선은 성터 신작로를 쫓아서 남문 밖 장터를 지나 다가산으로 올라갔다는 기록이 있습니다. 전주 한옥마을과 남부시장의 모습이 그때와 크게 다르지 않았던 모양입니다. 오늘날 전주 지도를 보아도 그의 이동 경로가 파악될 정도입니다. 전주에서 봄철 꽃놀이하기 좋은 완산칠봉도 언급합니다. 전주가 역사와 전통을 간직한 채 100여 년 전의 삶이 지금까지 이어져 온 도시임을 알게 하는 대목입니다. 전주 사람이 아니면 알기 어려운 지명도 100년 전 기록에 등장합니다. 최남선은 '좁은목'과 '꽃밭정이'를 지나다가 길가에 벌여놓은 엿을 사 먹었다고 합니다.

이처럼 최남선의 『심춘순례』에는 전주의 여러 풍경과 지명들이 잘 나타나 있습니다. 최남선의 글도 명문장입니다만, 이 글을 통해서 100년 전 전주가 얼마나 활기차고, 사람 사는 멋이 있는 도시였는지 알 수 있습니다.

혹시 전주 여행을 오실 계획이 있는 분은 『심춘순례』를 읽고 오실 것을 추천합니다. 아마도 100년 전의 시간과 공간을 함께 여행하는 기분이 들 것입니다.

역사의 기록으로 남겨진 전주 여행 (2)

　　　　전주 여행 계획이 있는 분들은 최남선의 『심춘순례』를 읽어보라고 추천해 드렸는데요. 이번 편에서는 1925년 최남선이 보고 들은 전주, 김제, 정읍, 고창, 부안에 대한 이야기를 해보겠습니다. 100년 전 전주를 비롯한 전북 일대가 더 생동감 있게 느껴질 것입니다.
　　1925년에 최남선은 전주 풍남문을 지납니다.

　　장날이라 하여 등에 짐을 진 자, 머리에 짐을 인 자, 수레를 앞에서 끄는 자, 뒤에서 미는 자가 꾸역꾸역 모여드는 남문 거리로부터 전주교를 건너 …

이 글을 읽고 있으면, 풍남문 일대에 전주 사람들의 북적북적 왁자지껄한 모습이 상상됩니다. 사람들이 얼마나 많으면 심지어 뒤에서 미는 사람도 있을까요. 다음과 같은 표현도 있습니다.

> 둔전 숯막 앞에서 누추한 마누라 하나가 깨끗한 아낙네 둘을 붙들고, 미운 며느리 흉을 보는지 화가 꼭뒤까지 나서 긴긴 하소연을 한다. 나이 먹은 아낙네를 "아씨! 아씨!" 하는 것이 몹시 귀에 걸린다.

'아씨'란 말은 당시 전주에서 여자에 대한 일반적 존칭으로, 서울말로는 '마님'에 해당한다고 합니다. 최남선이 서울에서 태어나서 살았기 때문에 전주 지역어와 서울말의 차이가 바로 느껴졌나봅니다. 전주에서 최고 경의를 표하면 '큰아씨'라고 하고, 처녀는 '색씨', 신부는 '아기씨'라고 부르는데, 서울말과 차이가 있다고 설명해 줍니다. 전주의 욕설 한마디도 소개합니다.

> 그런 넋 떨어진 놈이 어디 있어.

이것이 서울 같으면 '얼빠진 놈, 정신없는 놈'과 같은 의미라고 합니다. 그런데 최남선은 전주 지역어로 '넋이 떨어진다'라는 표현이 오히려 옛날의 의미를 잘 전하는 것 같고, 우리 조상들의 영혼관의 한 단면을 볼 수 있다는 해석도 곁들입니다.

전주 여자들은 파라솔을 손에 들고 다니는 풍속이 있는데, 여자들 출입이 자유롭지 않았던 예전에 비해 파라솔 하나만으로 매우 자유롭게 다니는 모습을 보고 이렇게 빨리 세태가 변하였다고 놀라워합니다. 수십 리 촌으로 나와도 젊고 얌전한 아낙네들이 파라솔을 옆구리에 끼고 논밭 사이로 오고 가는 것을 가끔 보았다고 합니다. 근대도시로서 전주의 모습이 상상됩니다.

최남선은 이렇게 전주 시내를 한 바퀴 돌고 남쪽 모악산에서 유숙留宿합니다. 그리고 김제 금산사金山寺에 들렀다가 정읍으로 가서 피향정披香亭을 찾습니다. 이 피향정은 호남제일정湖南第一亭으로 알려져 있습니다. 피향이란 말은 향국香國을 둘로 나누었다는 의미로, 이 누정의 위와 아래에 두 연못이 있어서 여름에 연꽃이 만발하여 향기가 퍼진다는 의미라고 합니다. 최남선은 풍류를 모르는 이에 의해 벌써 위쪽 연못은 메워져서 시장이 되었고, 아랫방죽만 남았다고 한탄합니다.

최남선은 김제와 정읍을 거쳐 부안의 줄포와 변산반도로 갑니다. 이때 입암리라는 곳을 지나는데, 이곳은 내소사로 들어가는 입구에 있는 마을입니다. 이 마을 길가에 당산堂山을 발견합니다. 그 앞에 고목을 그대로 두고 여기에 얼굴만 새긴 장승을 쌍으로 세워놓았다고 기록합니다. 최남선이 이때 본 장승에 대해서 조각이 자못 볼만

하고 눈썹이 연꽃과 같아 더욱 주의를 끌며, 신목神木에는 흰 종이를 오려 꽂은 금줄로 둘러 있다고 표현하고 있습니다. 이는 원시종교에 있는 제단의 모든 조건을 구비한 모범적인 설비이며, 이만큼 격식을 갖춘 것은 보기 쉽지 않다는 평가까지 더하고 있습니다. 참고로 최남선이 본 금줄 두른 장승의 모습은 100여 년이 지난 오늘날까지도 전국 곳곳에서 그 모습을 그대로 유지하고 있습니다. 더군다나 최남선이 보았던 나무뿌리를 머리로 조각한 장승은 내소사 목장승으로 지금까지 전해오고 있습니다.

최남선은 전북지역에서 보았던 '입암'에도 주목합니다. 입암을 순 우리말로 하면 '선돌'이 됩니다. 선돌은 민간신앙에서 매우 중요한 신앙 대상물입니다. 대개의 선돌은 다듬어지지 않은 네모 형태의 돌부터 바위 형태까지 다양하게 생겼습니다. 장승과 마찬가지로 마을 입구를 지키는 수호신 역할을 합니다. 최남선은 이 선돌에 대해서 '돌이 서 있다'는 의미의 '선'이 아니라 신성을 의미하는 '신神'이라는 의미에서 변했다고 주장합니다. 조선이 망한 지 15년이 지난 시점이지만 최남선은 민족의 뿌리와 문화에 대해서 관심의 끈을 놓지 않습니다. 예사 사람들이라면 동네 어귀에 있는 돌 한 개, 큰 당산나무 한 그루는 무심코 지나칠 법하지만, 최남선은 이를 우리 민족 신앙의 한 기원으로 이해할 수 있는 안목이 있었던 것입니다.

사소한 것 하나에도 우리 문화의 의미를 찾으려고 했던 최남선의 학문적 관심과 깊이는 시사하는 바가 큽니다. 그는 특히 선돌을 찾아다니면서 "이렇게 거룩하고 훌륭한 그것을 만날 줄은 뜻하지 못하였다."라고 언급했습니다. 오늘날 몇몇 민속학자들을 제외하고는 민속신앙 대상물을 깊이 있게 연구하고 정리한 분들이 많지 않습니다. 일부 지역에서나마 선돌, 장승, 돌탑 등 신앙 대상물들을 조사하고 연구한 자료들이 남아 있긴 합니다만, 오늘날까지도 최남선의 기행 자료에 파편처럼 남아 있는 우리 신앙 대상물들이 제대로 조사·정리되지 못하는 현실이 안타깝습니다.

이러한 최남선의 관점은 고창 오거리당산에 가서도 나타납니다. 고창의 오거리당산은 오늘날 국가민속문화재로 지정되어 있는 문화유산이기도 합니다. 최남선이 당산 앞에서 일부러 기다리고 있다가 지게꾼 한 사람을 붙들고서 "이것이 무엇이란 것이오?"
라고 묻습니다. 지게꾼이,

"그것은 짐대라 하여 당산에 으레 세우는 것이라오. 정월이면 날을 받아서 큰 제사를 드리는 거라오."
라고 답했다고 합니다. 이번엔 좀 학문과 지식이 있을 듯한 사람을 붙들어
"짐대라니 무슨 말이오?"
라고 묻습니다. 그랬더니 수긍할 수 없는 황당한 해석을 했다고 써놓고 있습니다. 아쉽게도 그 황당한 해석이 무엇인지 언급은 없습니다.

또 광주로 내려가던 중에, 길가에 있는 '선돌'을 의지하여 가게를 짓고 앉아 있는 이가 있기에 들어가서 이야기를 붙였다고 합니다.

그 가게의 물건을 사서 가게에 있는 어린아이에게 선물로 주자, 고마워서 이야기가 쇠침과 같았다고 썼습니다.

"이 당산이 어떻게 영검한지라오. 건넛말 사람이 집을 짓느라고 건드렸다가 1년 동안 발을 앓아서 여기 치성을 드린 뒤에야 나았지라오. 이 동네 수구막이로 여기하고 저기 두 군데 세운 것인데, 이 검줄은 해마다 정월 보름에 당산제를 지낼 때에 매는 거라오."

그러면서 자신이 이 선돌에 기대어 가게를 짓는 이유도 말해주었습니다.

"저기 저 길녘에 가게를 내고 앉았어야 팔리지를 아니하여 어찌할까 하였더니, 누가 권하기를, 이 당산돌에 가게를 붙여 짓고 열흘 보름 초사흘로 밥을 올리면 좋으리라 하기로 벌써부터 그리하지라오."

라고 대답했다고 합니다. 시골 조그만 구멍가게에 들어가서 선돌에 대해 조사하는 장면이 묘사된 글을 보니, 오늘날 민속학자들의 조사 방식과 흡사한 점이 너무나 많아서 놀랐습니다.

최남선의 호남 기행문인 『심춘순례』는 우리 문화 답사기답게 호남, 특히 전주를 비롯한 전북지역의 문화와 당시의 풍경을 구체적으로 담고 있습니다. 이 책을 읽는 동안 전북의 어느 시골 마을에서 노인들의 이야기를 옆에서 듣는 듯한 느낌이 듭니다. 사람이 살아가는 모습은 100년 전이나 지금이나 비슷한 모양입니다.

6월
부채에 담긴 의미

부채는 더운 여름에 바람을 일으켜서 시원함을 얻으려는 목적으로 만든 것입니다. 부채라는 단어 자체가 '부치는 채'를 이르는 말입니다. 부채를 한자로 하면 선자扇子이기 때문에 부채 만드는 장인을 선자장扇子匠이라고 부릅니다.

우리나라 문헌 가운데 부채에 관한 가장 오래된 기록으로는 『삼국사기三國史記』 「견훤조」와 『고려사高麗史』가 있습니다. 고려 태조 왕건이 즉위하자 견훤이 이 소식을 듣고 그해 8월에 공작선孔雀扇을 선물로 보냈다는 기록이 있습니다. 조선시대 궁중에서는 왕이 신하들에게 부채를 하사하기도 했고, 일반 사람들도 서로에게 부채를 선물하기도 했습니다. 호남과 영남에서는 병영, 수영, 통제영 등에서 단오 때 부채를 만들어서 나라에 진상하고, 조정 관리와 친한 사람에게 차등 있게 보냈다고 합니다.

옛 속담에 '여름에는 부채요, 겨울에는 책력'이라는 말이 있습니다. 대부분의 사람들에게 여름에 가장 필요한 것이 부채일 것이고, 겨울에는 달력으로 이듬해를 대비한다는 의미입니다. 선풍기와 에어컨을 주로 사용하는 오늘날은 부채의 필요성이 줄어들었지만, 겨울에 달력을 만들어서 배포하는 풍속만큼은 여전합니다.

부채는 예로부터 전주와 나주, 함평 등에서 만든 것을 최상품으로 쳤다고 합니다. 특히 전주는 전라감영에 부채를 제작하여 임금에게 진상하는 선자청이 있었고, 한지 생산지로도 유명해서 아마 부채 생산에 큰 영향을 주었을 것입니다.

부채는 우리나라뿐만 아니라 중국과 일본에서도 오랜 옛날부터 일상생활에 꼭 필요한 도구였습니다. 15~16세기경부터는 동서양의 교역을 통해 중국의 부채가 유럽에 알려집니다. 유럽의 옛 그림에서 귀부인들이 멋을 낸 부채를 들고 다니는 장면들을 간혹 볼 수 있습니다. 유럽에서는 귀족 여성들의 일상생활에서 빼놓을 수 없는 장식품이 된 것입니다.

우리나라에서도 부채가 단순히 여름 무더위를 피하기 위한 도구로만 쓰인 것은 아니었습니다. 의례용이나 장식용으로도 많이 쓰였으며, 혼례 때에도 신랑과 신부의 얼굴을 가리는 용도로도 쓰였습니다. 화가나 문인들이 부채에 그림을 그리거나 시 구절을 써주었다는 이야기와 전설은 워낙에 많습니다.

그럼 또 부채는 어디에 썼을까요? 국악인들은 아마도 소리꾼의 손에 들린 부채를 제일 먼저 떠올릴 듯합니다. 사실 저도 궁금한 것이 있습니다. 판소리할 때 왜 부채를 꼭 손에 들고 해야 하나요? 부채가 없으면 혹시 소리가 잘 안 나오나요? 제가 몇몇 소리꾼들에게 여쭈어보니 실제로 부채가 없으면 무척 허전하다고 합니다. 더욱 부채와 판소리와의 상관관계가 궁금해집니다.

그러나 소리꾼만 부채를 드는 것은 아닙니다. 무당이 굿을 할 때 한 손엔 부채를 들고, 다른 한 손에는 방울을 듭니다. 신윤복申潤福(1758~?)의 그림 「무녀신무」에도 무당이 왼손에 부채를 들고 있습니다. 자세히 보이지 않지만 부채에는 그림이 그려져 있습니다. 오늘날 무당들이 굿할 때에는 주로 신령 그림이 그려진 만신부채나 성수부채를 씁니다만, 신윤복의 그림에서는 여느 양반들이 쓸 법한 부채를 들고 있습니다. 제 생각에는 조선시대 무녀들이 굿을 할 때 자신의 몸에 내리는 신령들의 권위를 고려해서 그런 부채를 상징적으로 든 것이 아닌가 싶습니다.

옛 그림에는 양반들이 부채를 들고 있는 모습도 많이 보입니다. 신윤복의 「쌍검대무」에는 젊은 양반이 부채를 들고 있는 모습이 그려져 있습니다. 그러면 양반의 부채와 무당의 부채에는 어떤 공통점이 있을까요? 분명한 사실은 부채가 양반층의 문화이고 권위의 상징이라는 것입니다. 그러면 천민층에 속하는 무당은 왜 부채를 들고 굿을 했을까요.

흥미롭게도 조선 태종 때에는 부녀자의 부채 휴대 외출을 금했다는 기록이 있습니다. 그래서 무당이나 기생을 제외한 일반 부녀자들은 외출할 때 부채를 휴대하지 못했습니다. 무당이나 기생들은 일반 부녀자들과 다른 대우를 받았나봅니다.

그러고 보니 무당만 부채를 든 것이 아닙니다. 재인 광대들이 줄타기를 할 때에도 부채를 사용합니다. 탈춤에 등장하는 인물들 중에 중과 양반도 부채를 씁니다.

이렇게 부채의 다양한 쓰임을 보니 그 문화적 의미가 점점 궁금해졌습니다. 일단 부채의 기능과 상징을 생각해봤습니다. 부채의 가장 기본적인 기능은 바람을 일으키는 것입니다. 이를 통해 시원함을 얻습니다. 한편, 무당들은 부채의 바람을 자신들의 수입과 관련해서 언급하기도 합니다. 무당이 굿을 통해 버는 돈을 '부채로 얻는 수입'이라고도 부릅니다. 그래서 부채로 얻은 수입은 바람처럼 날아간다는 말이 있습니다.

또한, 부채는 얼굴 등 무언가를 가릴 수 있는 일종의 '가리개' 역할을 합니다. 이에 더해서 부채에는 예술적 취향에 따라 글씨나 그림을 향유할 수 있는 여백이 있습니다. 즉, 부채에는 바람, 가리개,

여백이 모두 종합되어 있습니다. 어쨌든 그중 가장 중요한 요소는 역시 '바람'이 아닐까 싶습니다. 바람 그 자체는 눈에 보이지 않습니다. 바람은 대기의 순환, 즉 공기의 움직임입니다. 눈에 보이지 않는 움직임은 신과 관련이 있다는 관념으로 확대됩니다.

그리스신화나 우리의 신화 속에서 바람은 신神이기도 합니다. 기독교의 성경에서조차도 바람은 하나님이 창조하신 것이고, 불게 하시고 조절하시는 것이라는 언급이 나옵니다. 신의 영역이라 할 수 있는 바람을 일으키는 물건이 바로 부채인 것입니다. 그런 면에서 보면 무당이 괜히 그 많은 기물 중에서 부채를 드는 것이 아닌 듯합니다.

이를 조금 더 확장해서 생각해 보면, 판소리 소리꾼이 드는 부채는 단순한 소품이 아닙니다. 소리꾼은 기계적으로 노래나 소리를 하는 사람이 아닙니다. 판소리에 등장하는 그 많은 장면과 상황을 연출하는 일종의 시공간 창작자라고 할 수 있습니다. 적벽가를 부를 때에는 중국 삼국시대 당시의 적벽에 가 있는 것이고, 춘향가를 부를 때에는 조선시대 어느 화창한 단옷날 광한루에 올라가 있어야 합니다. 저는 소리꾼의 부채야말로 시공간을 거느리고 지휘하는 일종의 지휘봉이 아닐까 해석해봤습니다.

역사 속에서도 부채는 중요한 소재로 등장합니다. 연산군을 몰아낸 중종반정의 공신이었던 박원종朴元宗(1467~1510)은 부채를 휘두르며 군사를 지휘하였는데 마치 신과 같았다는 일화가 있습니다.

1592년 임진왜란 때 동래부사 송상현宋象賢(1551~1592)은 성이 왜적에게 함락되자 죽음을 택합니다. 이때 임금이 계신 북쪽을 향해 사배를 하고, 부친에게 보낼 글을 흰 부채에 적어서 보냈다는 말이 전합니다. 그 편지의 내용은 "부모의 은혜는 가벼우나, 임금에 대한 충성은 무겁습니다." 였습니다. 장수로서, 신하로서의 충절을 보여준 시였는데, 부채에 그 뜻을 전한 것도 나름의 의미가 있었기 때문이라고 생각합니다.

선조 때 시인이자 풍류객인 임제林悌(1549~1587)라는 사람이 있습니다. 그가 평양의 어린 기생이었던 월선에게 흰 부채에 칠언절구의 시를 써준 것이 있어서 소개하고 마칠까 합니다.

한겨울에 부채 준다고 괴이하게 여기지 마라.
너는 아직 나이 어려 아무것도 모르겠지만
깊은 밤 임이 그리워 가슴에 불이 일면
6월의 무더위에 비길 바가 아니란다.

전하는 바에 의하면, 월선은 이 부채를 평생 간직하며 그를 사모했다고 합니다. 마음에 지핀 불은 시간이 지나더라도 어쩔 수 없나 봅니다. 부채는 단순히 바람을 일으키는 역할만 한 것이 아니라, 사랑하는 가족 또는 정인情人에게 보내는 선물이기도 하고, 신을 부르거나 소리를 실어 보내는 악기이기도 했습니다.

월하정인月下情人,
그림 속에 남겨진 시와 사랑

　　　　　　조선시대 화가였던 혜원 신윤복申潤福(1758~?)의 그림 「월하정인月下情人」을 소개합니다. 월하정인! 제목만 들어도 로맨틱한 느낌이 가득합니다. 현대 작품도 아니고 조선시대 그림입니다. 국보 제135호로 지정된 「혜원전신첩」에 실려 있는 신윤복의 대표작 중 하나입니다.

　　혜원 신윤복은 여성을 주제로 그림을 많이 그렸습니다. 화풍은 지금 봐도 세련되었습니다. 특히 그가 그린 「단오풍정」은 워낙 유명해서 모르시는 분이 없을 것입니다.

　　「월하정인」을 보면, 밤 깊은 시간에 쓰개치마를 둘러쓴, 얼굴이 하얀 여성과 데이트를 즐기는 한 젊은 선비가 그려져 있습니다. 그 왼편에 눈썹 모양의 달이 지붕 위에 걸쳐 있고, 두 남녀는 담벼락 모퉁이에 몰래 숨어서 대화를 나누는 듯 서 있습니다. 수염도 나지 않은 젊은 남자는 큰 갓을 썼습니다. 그런데 몸에 잘 맞지 않는 중치막을 입고 있습니다. 만약 자신의 옷이 아니라면, 아버지나 형님의 옷을 몰래 입고 나왔을 것이라는 추측도 가능합니다. 아무튼 이 복장은 한양에서 꽤나 힘 있는 세도가나 귀한 신분의 자제라는 것을 알 수 있게 합니다. 그림을 자세히 들여다보면 심지어 꽃미남입니다. 남자는 사랑스러운 듯한 눈빛으로 여인의 얼굴을 주시하고 있습니다. 여인은 다소곳이 고개를 숙이고 있지만, 치마를 허리춤에 동여매고 치마 아래로는 속곳이 다 드러나 있습니다. 무언가 비밀의 만남, 은밀한 로맨스를 신윤복은 표현하고 싶었던 것 같습니다. 이 그림에는 혜원이 직접 쓴 화제畵題가 있습니다.

月沈沈 夜三更 兩人心 事兩人知
(달빛 어두운 밤 삼경. 두 사람 마음이야 그 둘만이 알겠지)

제목도 월하정인이지 않습니까? 달빛 아래 서로 사랑하는 정인이라! 생각만 해도 가슴 설레는 제목과 그림, 그리고 시구입니다.

조선시대에 이런 로맨틱한 그림과 시구가 그려진 그림이 있다는 것이 흥미롭습니다. 그동안 우리가 '공자 왈, 맹자 왈' 하던 조선의 선비하고는 좀 다른 모습인 것 같습니다. 요약해서 말하면, 조선시대에 청춘 남녀가 달밤에 데이트하는 것입니다.

　이 그림에 쓰여 있는 '야삼경'은 자정 전후를 뜻하는 자시子時를 말합니다. 그러니까 밤 11시에서 새벽 1시 사이를 말하는 것입니다. 초승달이라 하면 초저녁에 뜨는 달이고, 그믐달은 새벽에 보이기 때문에 그림 속의 달은 야삼경에 볼 수 있는 달의 모습이 아닙니다. 또한, 이 그림에서 눈썹 모양의 달을 자세히 보면 초승달과는 조금 다릅니다. 볼록한 면이 위를 향하고 있어서 정상적인 달 모양도 아닙니다.

　달이 떠 있는 모습과 신윤복 자신의 그림에 써놓은 시구를 가지고 이것이 몇 년 몇 월인지 찾아보는 연구자들이 많았습니다. 이러한 내용이 언론이나 인터넷을 통해서도 많이 소개되었습니다. 어느 천문과학자의 해석을 보겠습니다.

　「월하정인」에 보이는 달의 모양은 월식이 있을 때의 모습이라고 합니다. 더군다나 그림 속 달이 겨우 처마 근처에 걸려 있기 때문에 남중고도가 낮은 여름이라고 예상했습니다. 이러한 단서를 바탕으로 신윤복이 활동했던 1700년대 100년 동안의 부분월식 중 서울에서 관측 가능한 날을 추적했습니다. 그 결과 1784년 8월 30일과 1793년 8월 21일에 월식이 있었다는 것을 밝힙니다. 신윤복이 1758년(영조34)생임을 감안하면 1784년은 그의 나이 26세가 되고, 정조 임금이 즉위한 지 8년에 해당되는 해입니다. 1793년은 35세(정조17)가 됩니다. 그런데 『승정원일기』에 1784년의 8월 29일부터 31일까지 서울에 비가 내렸다는 기록이 있어서 이때 데이트는 못 했을 것이랍니다. 1793년 8월 21일이 신윤복 생전에 발생했던 유일한 부분월식일이라는 결론에 도달합니다. 더욱이 1793년 8월에는 정확하게 야삼경에 서울에서 월식이 있었다는 기록이 남아 있다고 합니다.

어느 미술사학자는 이에 대한 반론을 주장합니다. 이 주장도 흥미로워서 소개합니다.

일단 달의 모양이 부분월식의 모습이라는 의견에는 일치합니다. 그러나 밤 12시에서 새벽 1시 사이의 달의 위치는 아니라는 것입니다. 그림상에서 보이듯이 달이 담장 근처까지 기울었다는 것은 이미 사경을 넘어서 오경에 접어든 모양이라는 것입니다. 그 당시에는 통행금지법이 있어서 삼경에 데이트를 했다가 잡히면 곤장이 무려 30대라고 합니다. 데이트하다가 잘못하면 맞아죽을 판입니다. 아까 말씀드렸듯이 달이 오경을 넘어간 위치라면 통행금지가 해제되는 새벽 5시 무렵이 되기 때문에 상황상 맞습니다. 신윤복이 써놓은 글귀는 밤 12시이고, 그림에서 보이는 달이 떠 있는 시간은 새벽 5시라는 것인데, 이를 해석하면 밤새 데이트를 했다는 결론에 도달합니다. 무슨 할 말이 그리 많았을지는 모르겠지만, 아무튼 밤새 대화를 나누다가 새벽이 되어 아쉬움 속에 헤어지는 모습을 그렸다는 것이 미술사학자의 주장입니다.

그렇다면 신윤복은 왜 새벽달을 그려놓고 밤 12시라고 표현했을까요?

앞에서 소개한 시구인 '두 사람의 마음이야 두 사람만 알겠지'는 선조 때 재상을 지낸 김명원金命元(1534~1602)이 젊은 시절에 지은 시로 알려져 있습니다. 당시 유행했던 대표적인 연애시로, 그 시의 전문을 소개하면 다음과 같습니다.

창밖은 야삼경 보슬비는 내리는데
두 사람의 마음은 두 사람만 알겠지
기쁜 정 다 나누지 못했는데 날마저 밝아오니
나삼자락 부여잡고 후일 기약을 물어보네

신윤복은 당시 유행했던 이 시의 일부를 인용해서 그림 담벼락에 써놓은 것이었습니다. 이 그림 속 남녀는 시의 뒷부분의 구절과 같은 상황에 놓인 것입니다. 날이 밝아서 이제는 헤어져야만 하는 아쉬움을 그림으로 남겨놓은 것입니다. 이를 설명하는 그림 속 증거가 또 있습니다. 바로 남자 발의 방향입니다. 얼굴은 여인을 그윽하게 바라보고 있지만, 발은 그 반대, 즉 여인 곁을 떠나가는 방향입니다. 즉 헤어져야 하는 상황인데, 아쉬움에 차마 얼굴을 돌리지 못하고 있는 모습입니다.

미술사학자는 이 그림의 달 모양과 그 주위의 달무리가 동시에 발생된 날짜로 1779년 10월 16일(신윤복 나이 21세)과 1798년 4월 14일(신윤복 나이 40세)을 찾아냈습니다. 10월 16일은 양력으로 11월 가을이고, 4월 14일은 양력 5월입니다. 그림 속 담장의 잎사귀의 생김새로 보아 양력 5월의 어느 봄을 그린 것이 아닐까 하는 결론을 내렸습니다.

여러분들은 어떤 생각이 더 설득력이 있다고 생각하시나요? 그 판단과 상상의 몫은 여러분들에게 맡깁니다. 이 그림이 몇 년도 몇 월, 며칠의 장면인가를 찾아보는 것도 무척 흥미롭습니다만, 그림 속 정취를 다른 방식으로 느껴보면 어떨까 합니다. 그래서 우리 시대의 월하정인을 표현한 시 한 편을 들려 드립니다.

> 달이 떴다고 전화를 주시다니요.
> 이 밤 너무 신나고 근사해요.
> 내 마음에도 생전 처음 보는 환한 달이 떠오르고
> 산 아래 작은 마을이 그려집니다.
> 간절한 이 그리움들을
> 사무쳐 오는 이 연정들을
> 달빛에 실어 당신께 보냅니다.
> 세상에, 강변에 달빛이 곱다고 전화를 다 주시다니요.
> 흐르는 물 어디쯤 눈부시게 부서지는 소리

문득 들려옵니다.

　섬진강 시인으로 잘 알려진 김용택 시인의 시입니다. 이 시의 감성을 통해서 월하정인의 느낌을 찾을 수 있다고 생각하여 소개했습니다. 누군가 이 시대의 월하정인을 그린다면 이런 시적 감성으로 표현하지 않을까요. 산 아래 작은 마을이 있습니다. 누군가가 사무친 그리움을 강변에 비친 달빛을 보며 달래는 모습이 그려집니다.
　달이 아름다운 이유는 수많은 사람들의 소망과 기원이 담겨져 있기 때문이라고 합니다. 얼마나 많은 소원을 간직한 채 또 달이 뜨고 졌을까요.

남해 가천
다랭이마을에 가면

　　　　경상남도 남해군 남해섬 안쪽으로 깊이 들어가
면 바닷가 끝에 작은 마을이 있습니다. 홍현리 가천마을입니다. 남
해군 남면의 최남단에 있기 때문에 마을 앞에는 넓은 바다가 훤하게
펼쳐져 있습니다. 절경으로 이미 소문이 나 있을 뿐만 아니라, 다랭
이논이 있는 마을로도 유명합니다.
　다랭이논은 산지나 구릉지에 형성된 계단식의 작은 논을 말합니
다. 땅이 부족한 해안 절벽을 끼고 있는 마을이기 때문에 농지라고
할 만한 것이 애초에 없습니다. 마을 사람들이 농사를 짓기 위해 석
축을 쌓아 땅을 조금씩 확보해서 농지를 일군 것이 다랭이논입니다.
　문화재청에서는 이 마을이 경관적으로 뛰어나다고 하여 이곳을 명승으로 지정했습니다. 남해의 푸른 바다와 어우러진 다랭이논은 딱 봐도 한 폭의 그림처럼 멋있게 펼쳐집니다. 여러분들 중에서 가본 분은 아마도 눈에 선할 것입니다. 얼마나 멋있는지는 가본 사람만 압니다. 물론 누군가와 함께 갔다면 그 추억 속에 멋있는 마을의 풍경도 함께 담겼을 것입니다. 그만큼 낭만적이고 추억을 담을 만한 곳입니다.

가천마을은 바다와 바로 접하고 있는 곳이지만, 배가 한 척도 없습니다. 그러나 예전에는 주민의 80% 이상이 어업에 종사했습니다. 7척 정도의 잠수정도 보유하고 있었습니다. 이외에도 보리농사와 갯일을 해서 수입을 충당했다고 합니다.

그런데 1959년 태풍 사라가 마을을 완전히 쑥대밭으로 만들었습니다. 바다로부터 밀려온 태풍이 마을을 그대로 덮쳐 버리고 말았습니다. 마을의 배는 모두 난파되었고, 마을은 태풍에 의한 피해로 경제적 능력을 거의 상실하고 말았습니다.

그 이후 마을 어른들은 바다를 터전으로 삼고 살아온 모진 삶이 괴로웠는지, 어업을 완전히 포기하고 농사에만 전념했다고 합니다. 그리고 자식들에게 어업을 대물림하지 않기 위해서 가급적 객지로 유학을 보냈다고 합니다. 그래서 배를 부리는 집은 거의 없게 되었습니다. 대신 절벽과 다름없는 땅을 일구어서 농토로 만들었습니다. 오늘날 이렇게 뛰어난 경치를 자랑하는 마을로 탄생하게 된 것도 그들의 노력으로 일구어낸 다랭이논 덕분입니다.

더군다나 수십 년간 갯일을 하지 않다 보니 마을 앞바다에는 멍게, 미역, 해삼, 전복 등 각종 해산물이 가득하다고 합니다. 어느새 친환경 생태마을이 되어버린 셈입니다. 지금은 생태환경을 중심으로 하는 관광사업과 마늘농사, 벼농사가 주업입니다. 주말에 가면 관광버스와 수많은 자동차 때문에 주차할 곳이 마땅치 않을 정도로 엄청난 관광객들이 몰려옵니다.

이 마을에는 특이한 미륵불이 있습니다. 미륵불이라고 해서 부처님 모습은 아닙니다. 길쭉하게 생긴 선돌입니다. 그 옆에 둥글게 생긴 바위가 있습니다.

미륵은 이 마을을 지키는 수호신입니다. 이 선돌에는 '암수바위'라는 별칭도 있습니다. 마을 이름인 '가천'을 붙여서 '가천 암수바위'라고 부르기도 합니다. 그러나 암수바위라는 명칭은 신성한 신앙 대상물의 호칭으로 삼기에는 어울리지 않습니다. 암수는 동물의 성별을 표기하는 방법인데, 누가 왜 이런 이름을 붙였는지 의아할 뿐입니다.

저는 약 20여 년 전에 이 마을의 민속을 조사한 경험이 있습니다. 이를 바탕으로 마을의 신앙을 소개합니다.

이 마을에서는 음력 10월 23일 자정 무렵 마을의 평안을 위해서 미륵에게 제사를 지냈습니다. 여느 마을 제사와 유사하게 제물을 차린 후 헌관들이 분향하고 축문을 읽고 절을 합니다. 제사가 끝나면 미륵을 중심으로 마을의 5개 방위에 제물 일부를 가져가서 묻는 절차가 있습니다. 제물을 묻는 장소가 별도로 정해져 있는데, 이 마을 주민들은 이곳을 '밥무덤'이라고 부릅니다. 헌식獻食을 하는 것입니다. 이 밥무덤에 밥을 묻고 그 주변에 목화씨와 오곡 종자를 뿌립니다. 농사가 잘되길 바라는 마음에서 그리한다고 합니다.

제를 주관하는 제주祭主가 밥 세 덩이를 각각 흰 종이에 싸서 묻습니다. 이렇게 메를 다 봉안하고 나면 마을 사람들이 메구를 치면서 한바탕 흥겹게 놀았다고 합니다.

이 마을엔 10월 23일에 제를 지내게 된 전설이 있습니다. 조선 후기 영조 27년(1751)까지 거슬러 올라갑니다. 1751년 10월 23일, 당시 남해현감이었던 조광진의 꿈에 미륵 노인이 나타나,

"내가 가천에 묻혀 있는데 우마의 통행이 잦아서 일신이 불편하다. 나를 일으켜 세워주면 필시 좋은 일이 있을 것이다."

라고 했답니다. 그래서 현감이 관원을 데리고 가서 그곳을 파헤치니 큰 선돌이 드러나서 그때부터 모셨다는 것입니다. 이 전설을 토대로 생각해 보면 200년 넘도록 제사가 이어져 온 셈입니다. 지금까지도 이 미륵은 상당히 영험한 존재로 알려져 있습니다.

물론, 전설에 등장하는 남해현감 조광진이 누구인지는 정확하게 알기 어렵습니다. 실제로 영조 대의 명필가로 조광진曺匡振(1772~1840)이라는 사람이 있었습니다만, 출생 연도가 훨씬 늦기 때문에 그가 아니거나, 전설에 일부 오류가 있을 수도 있습니다. 그러나 그러한

역사적 사실관계가 이 마을 주민들의 신앙심에 영향을 주는 것은 아닙니다.

마을 사람들에게는 이곳에 손가락질을 하면 손이 썩고, 주변에 오물을 뿌리거나 소변을 보면 재앙을 받는다고 전해집니다. 또, 6·25 전쟁 직전에 어떤 사람이 미륵에 앉아 있던 새를 새총으로 맞추어 떨어뜨렸는데, 그가 입대한 후 실명했다는 말도 전합니다. 사람들은 그가 미륵불의 노여움으로 그리되었다고 여깁니다. 또 미륵불이 각종 외부로부터 침략이 있을 때마다 마을과 우리나라를 지켜주는 수호신의 역할을 했다고 생각하고 있습니다.

남쪽 땅 끄트머리 바닷가 절벽에 위치한 마을이지만, 이곳에서 사람들은 그렇게 살아갔고 자신들의 역사와 전설을 만들어왔습니다. 그리고 그곳을 다녀간 사람들도 각자의 추억과 희망을 안고 살아가고 있을 것입니다. 사람들의 삶과 역사도 이 마을의 다랭이논처럼 그렇게 차곡차곡 쌓여갑니다.

식민지 조선의 자화상, 아리랑

　　10월 1일이 무슨 날인지 아시나요? 대부분 사람들은 국군의 날을 떠올리겠지만, 일제강점기로 거슬러 올라가면 그에 못지않게 큰 의미가 있었던 날이기도 합니다. 1926년 10월 1일. 종로에 위치하고 있었던 극장 단성사에서 나운규羅雲奎(1902~1937)가 영화 〈아리랑〉을 처음으로 상영한 날입니다.

　　그렇다면 나운규는 왜 하필 10월 1일에 영화 〈아리랑〉을 상영했을까요? 〈아리랑〉이 처음 상영되던 1926년 10월 1일은 일제가 경복궁 흥례문을 헐고 그 자리에 조선총독부 건물을 완공하고 낙성식을 한 날이기도 합니다. 그러니까 총독부의 관리들과 친일파들이 조선총독부 건물 앞에서 테이프 커팅을 하던 그 순간에, 인근의 종로 단성사에서는 영화 〈아리랑〉이 상영된 것입니다.

1926년, 식민지 조선과 경성에는 정말 많은 일이 일어났습니다. 1926년 4월 25일에는 대한제국의 마지막 황제인 순종이 서거했습니다. 그리고 그해 6월 10일에는 순종 황제의 인산일因山日에 6·10만세운동이 일어납니다. 영화가 상영되기 4개월 전의 일이었습니다.

당시 〈아리랑〉은 4월부터 지금의 서울 안암동에서 촬영되고 있었습니다. 순종 황제가 서거한 4월 25일과 시기가 묘하게 겹칩니다. 이후 항일감정은 점점 달아올라 6·10만세운동이 일어나게 되었고, 6·10만세운동의 주요 시위 장소는 종로3가 단성사 앞이었습니다. 순종황제의 장례 발인이 창덕궁에서 있었고, 장지葬地로 가는 행렬이 단성사 앞을 지나야 하는 상황이었기 때문인데, 아무튼 기막힌 우연과 필연으로 얽혀 있습니다.

저는 영화 〈아리랑〉과 당시 6·10만세운동이 매우 밀접한 관련이 있다고 봅니다. 앞서 말한 것처럼 1926년 경성이라는 시간과 공간의 공통점도 있습니다만, 영화의 주요 내용이 6·10만세운동을 암시하도록 구성되었기 때문입니다. 당시 6·10만세운동을 주도했던 독립운동 세력은 전문학교나 고등학교를 다니는 학생들이었습니다. 특히, 6·10만세운동을 직접 주도한 학생들은 지금의 연세대학교 전신인 연희전문학교 학생들과 고려대학교 전신인 보성전문학교를 비롯해서 중앙고등보통학교, 중동학교 학생들이었습니다. 또한 전국 각지에서 경성으로 유학을 온 학생들도 있었습니다.

영화 〈아리랑〉의 주인공으로 나오는 영진과 현구도 지방 출신으로 서울 유학을 떠났다가 다시 고향으로 돌아온 것으로 설정되어 있습니다. 무성영화인 데다가 현재는 필름마저 없기 때문에 그 내용과 장면을 구체적으로 알 수는 없습니다만, 1929년 박문서관에서 펴낸 영화소설 『아리랑』에는 이런 구절이 나옵니다.

> 어느 사립전문학교 2학년에서 퇴학하고 귀향한 후에 철학을 연구하다가 미쳐났다는 이 동리의 명물 사나이!

영화 〈아리랑〉의 주인공 나운규가 분한 영진이를 설명하는 대목입니다. 무성영화이기 때문에 변사가 영화의 주요 내용을 설명하고 대사도 처리합니다. 그런데 극장의 상황에 따라서 변사의 설명이 바뀌기도 합니다. 만약, 극장 안에 일본인 순사가 지키고 있으면 영진이가 그냥 미쳤다고 설명합니다. 미친 이유를 말하지 않습니다. 반면 극장 안에 조선인만 있으면 독립운동을 하다가 모진 고문을 받아서 미쳤다고 추가로 설명해 줍니다. 이것을 두고 '의도된 모호성'이라고 합니다. 애매모호함을 의도한 것입니다. 무성영화 시대였기 때문에 가능한 일이었습니다.

이러한 성격 등으로 인해서 이 영화는 여러분들이 아는 것처럼 민족의 영화가 됩니다. 영화소설 『아리랑』을 참고하면 영화의 첫머리는 이렇게 시작됩니다.

> 살찐 전답과 아름다운 산천을 자랑하던 백성들이 길고 긴 세월에 쌓인 시름의 시를 읊으려 한다.

쓸쓸한 내용입니다만, 한 편의 시와 같은 느낌이 듭니다. 식민지 백성들은 저 구절만 봐도 슬펐을 것입니다. 정작 그 당시에는 영화 〈아리랑〉이 흥행에 대성공할지 미처 알지 못했다고 합니다. 처음 상영했던 단성사 극장에서도 고작 1주일밖에 상영을 하지 않았습니다. 영화 개봉 직후보다 시일이 한참 경과한 후에 관심이 더욱 증가했습니다. 영화에 대한 입소문이 나기 시작했던 것입니다. 그 후 4년간 16회에 걸쳐서 전국 주요 도시로 순회공연을 하게 됩니다. 무성영화이기 때문에 영화지만 공연처럼 진행될 수밖에 없었습니다. 변사가 마치 1인극을 하듯이 영상을 중계하기 때문입니다.

한편, 영화의 OST였던 '아리랑'은 라이브로 연주되었습니다. 그러니까 극단이 영화 필름과 함께 움직여야 하는 셈입니다. 영화 주제가로 쓰인 '아리랑'은 당시에 바이올린으로 연주한 것입니다. 소설 『아리랑』에는 주인공인 영진과 현구가 바이올린으로 '아리랑'을 연주하는 대목이 등장합니다. 오늘날 '아리랑'은 한국 전통 민요의 대명사처럼 되었지만, 당시 주제가 '아리랑'은 그 시대의 최신 대중음악에 더욱 가까운 느낌이었을 것입니다. 당시 사람들에게도 이미 바이올

린과 서양 음계가 낯설지 않았기 때문입니다.

아무튼 영화가 개봉 직후보다 더 폭발적으로 흥행에 성공한 이유는 6·10만세운동의 영향이 매우 컸다고 봅니다. 만세시위는 6월에 종료되었지만, 그 불씨가 여전히 조선 사회에 남아 있었습니다. 특히 만세를 주도했던 시위 주동자들에 대한 재판이 계속 진행되고 있었습니다.

1926년 7월 3일자 『동아일보』에는 6·10만세운동으로 기소된 학생들에게 경성제대 입학을 불허한다는 기사가 실렸습니다. 1927년 9월에는 공판을 받기 위해서 포승줄에 묶여서 끌려가는 학생들의 사진이 『동아일보』 신문에 게재되기도 했습니다. 조선의 식민지 백성들과 지식인들에게는 이러한 울분을 소비시켜야 할 대상과 공간이 필요했는데, 그게 영화 〈아리랑〉과 만났던 것입니다.

나운규는 1936년 11월 『조선영화』라는 잡지에서, "이 영화를 서양의 헐리우드 영화를 참고해서 그들처럼 '졸립고 하품 나지 않는 작품'을 만들겠다는 마음을 먹었다."고 말했습니다.

이때 나운규는 재미있는 영화를 만들려면 '쓰림'과 '유머'가 있어야 된다고 생각했고, 외국물 대작만 보던 눈에 빈약한 감을 없게 만들려면 사람을 많이 출연시켜야겠다고 해서 무려 800여 명의 엑스트라를 동원했다고 합니다. 나운규는 회고담을 통해서 시대는 변했고 관객도 달라졌다며, 템포 빠르고 스피드 있는 영화를 조선 관객들이 원한다고 생각했다는 말도 추가로 남겼습니다. 요즘 영화인들이 말했음직한 인터뷰 내용을 그때 했다는 것 자체도 놀랍습니다. 아무튼 지금도 이 영화를 두고 학자들은 '민족주의 성향을 그대로 드러낸 것이다'와 '정교하게 잘 만들어진 당대의 상업영화'라는 두 가지의 평가를 내놓고 있습니다.

영화 〈아리랑〉은 당대의 평범한 통속적 신파극의 형태를 띠고 있습니다만, 민족의 영화로 자리매김하게 된 것은 영화라는 매체를 통해서나마 식민통치에 저항하고 자유를 되찾길 염원했던 당시의 조선 대중에 의해 재해석되었기 때문이라고 보입니다. 물론, 나운규의 천재성이 중요한 바탕이 된 것은 분명한 사실입니다.

그러나 당시 식민지를 극복하지 못하는 현실에 대한 괴로움, 특히 3·1운동과 6·10만세운동의 좌절을 겪으면서 1920년대를 살았던 식민지 조선 사람들의 자화상이 바로 〈아리랑〉에 투영된 것이 아닌가 싶습니다.